夢《む》叶《きょう》塾《じゅく》

夢を叶《かな》える教え

平井俊広・著
船井総研人財育成プロジェクト・監修

総合法令

はじめに――砂漠の井戸はどこにある？

「大人は誰もはじめは子供だった。しかし、そのことを忘れずにいる大人はいくらもいない」――フランスの作家、サン＝テグジュペリのベストセラー小説、『星の王子さま』の一節です。

なんという鋭い警句《けいく》でしょう。噛《か》んで含めるようなやんわりとした言い回しの中に、人生の味わいが込められているではありませんか。

人は誰でも「成功」を夢見ます。ある人は名声と地位を手に入れるために、またある人はお金持ちになるために……。

すなわち、ビジネスマンはトップの座を目指し、スポーツ・芸能人の卵はスターの座を目指します。学者はノーベル賞を目指し、政治を志す人は総理大臣の椅子を目指すでしょう。

でも、多くの大人が初心を忘れてしまうようです。〝トクする情報〟や近道を求めて右往左往し、その結果はかえって洪水のような情報に振り回され、進むべきホンモノの道を見失ってしまいがちです。〃大人の知恵〃が邪魔をして、目が曇ってしまうのでしょう。

〃やる気〃さえあれば、「成功」のチャンスは誰にでもある——とよく言われます。でも「成功」への道はそう簡単ではありません。

学歴や家柄、資産の大小は関係ないとして、少しの「能力」と中くらいの「運」、大きな「精進」、そして富士山ほどの「やる気」が必要です。それは砂漠の中に新しいオアシスを見つけるほどの難しさかもしれません。

しかし、サン＝テグジュペリも言っています。**「砂漠が美しいのは、どこかに井戸を隠しているからだよ」**——と。

子供の心に立ち返って目を凝らし、風の音に耳を澄ませば、あなたにもきっと〃砂漠の井戸〃が見つかるはずです。その井戸はいつも満々と清水をたたえ、あなたを「成功」へと導いてくれるでしょう。

世の中には、たくさんの「成功法則本」が流布《るふ》しています。この本も、ちょっと風変わりな「成功法則本」の一種です。

〝絞《しぼ》り込んだエキスの結晶〟とは言えませんが、中身は盛りだくさんです。自己啓発と、やる気を起こすための、さまざまな〝子供のような知恵〟を詰め込んだつもりです。この一冊をよく読み込めば、もう多くの成功情報に振り回されることはありません。

本当に、歴史に学ぶというのはなかなか楽しいものです。この本でみなさんのモチベーションが高まり、**「ア、これだったらオレも私もがん張れるナ」**と感じていただけたら幸いです。

「今がチャンスだ、即実行。オレも私ももう一度チャレンジしてみよう！」と思えば、そこから運が開けます。人間、トライなくして成功はありませんからね。

二〇〇四年三月吉日

著者

第3ステップ「演出」　講師　雑学博士・鈍才《どんさい》さん・文章の達人

編集協力　廣海輝明
装　丁　守先　正
題　字　寒　月

プロローグ「挫折」

〈プロローグの主な内容〉

一部上場の商社マンとして出世の階段を上り始めていた海堂広《かいどうひろし》（三二歳）に、思わぬ事態が発生した。会社の倒産、失業……。

一時は自暴自棄《じぼうじき》に陥った海堂だったが、ふるさと琵琶湖畔の幻夢《げんむ》の中で天海《てんかい》僧上《そうじょう》に出会った彼は、再び真の成功を志すようになった。

海堂はこの夢教育の場を、吉田松陰「松下村塾《しょうかそんじゅく》」の『志』にあやかって「夢《む》叶塾《きょうじゅく》」と名付けたのであった……。

商社倒産

二〇〇X年師走——。

東京・六本木ヒルズを歩く一人の男がいた。海堂広《かいどうひろし》、三二歳。コートの衿《えり》を立て、背中が丸まっている。界隈《かいわい》はクリスマス気分でさんざめいていた。イルミネーションで飾られた巨大なクリスマス・ツリーの下を、幸福そうな親子連れが手をつないで歩いていく。

しかし、海堂の心はすさんでいた。目はうつろだ。ムリもない。この年末、一〇年間勤めていた中堅商社が倒産し、職を失ったばかりなのだ。

原因はアメリカ経済の思わぬ崩壊にあった。対テロ戦争拡大の予兆が現実のものとなり、巨額に膨《ふく》れ上がった〝双子の赤字〟が契機《けいき》となって、株、ドル、国債《こくさい》が大暴落したのである。米株、米国債はただの紙屑《かみくず》と化し、超円高が日本の商社を直撃した。

アメリカの輸入が止まり、経営は危機に瀕《ひん》した。しかし国の資金援助は金融システムを支えるための銀行にだけ向けられ、商社は見捨てられた。そのあおりが、会社倒産という現実を海堂に突きつけたのであった。

「なぜだ？」――海堂は思わずうなった。つい一年前の師走、海堂はこの同じ六本木ヒルズを歩いていた。希望に満ちていた。地上五三階、森タワーの最上部にある「空中美術館」を覗《のぞ》き、三六〇度の眺望《ちょうぼう》を楽しんだ。

高級映画館で最新作を観たあと、しゃれたイタリアン・レストランで食事を楽しんだ。窓ぎわの席から六本木ヒルズ・マンションを見上げ、「オレは必ず家賃四〇〇万円の最上階に入居するぞ！」と夢を見たばかりだった。それが……。

失意が自暴自棄に変わりかけていた。「爆弾テロでもやったろか！ここまでがん張ってきたのに、自分の能力とは何の関係もないところで破綻《はたん》するなんて！社会が悪い、他人が憎い。自殺？いや、それはもったいない、何か事件を起こすんだ。この六本木ヒルズをブッ飛ばしてやろう！」

出世の階段

思えば、海堂は出世の階段を上り始めていた。就職時、海堂は自ら「成功」というタイトルを設定した。当面、社長の椅子である。そこにたどりつくまでに二〇年かかる、と計算した。そして、その半分の一〇年が経過して、「成功」のシナリオは計画どおり着々と進行していた。

仕事面では、かなりの実績を上げたという自負がある。数字がそれを示している。この一〇年間、ノルマは一〇〇％達成してきた。生活面では、それなりの収入がついてきた。あとは、これまでおざなりにしてきた人生面での研鑽《けんさん》が課題だった。

とにかく自分の能力には自信がある。会社では二〇人の部下を使いこなしていた。自分では親分肌の性格だと思っている。つまりリーダーとしての適性があると信じていた。野心満々。やる気も十分にある。

収入は将来に備えてすべて貯蓄に回した。競馬、競輪などのギャンブルはもちろんやらない。酒は取引先との接待以外は飲まなかった。幸い、外資系の商社だったため部下を赤提灯《あかちょうちん》で飲ませるといった日本式サラリーマン道の習慣はなかった。すべては仕事一筋。数字に表れる実績だけがモノを言う。

背広は着たきり雀。日常の食事は牛皿をおかずにご飯を食べるだけ。それで何の不満もなかった。たまに焼肉屋に行ってもご飯ばかり食べていた。生まれついて〝コメのご飯〟が大好きなのが幸いしていたのだ。というわけで、とにかく「ムダなお金は使わない」のが海堂のモットーだった。

女色《じょしょく》も極力避けた。モテないわけではない。長身だし顔にもそこそこ自信がある。俳優で言えば丹波義隆《たんばよしたか》に似ていると自分では思っている。個性派だ。しかし女色は出世の妨《さまた》げになる。「成功」のタイトルを二〇年で実現するためには、女色は回り道でしかなかった。だから「女には惚れない」というのが海堂の第二のモットーだったのである。

将を射《い》んとすれば……

海堂の「成功」のシナリオは、大卒時の就職活動から始まっていた。海堂が目指したのは中堅ながら東証一部上場の総合商社Tだった。むろん六大商社ではない。商社のランクでは日本で二〇番目くらいのものだ。しかし待遇がよかった。ノルマもそんなに厳しくない。なによりこの程度の規模が〝国盗《くにと》り物語〟には都合がいい。

だいたい、大きな会社では二〇年で国盗りなんてできるはずもない。せいぜい中間管理職で終わりだ。社内では東大閥、名門私立大閥が幅を利《き》かせているだろう。海堂のような二流私大の出身では入社すら覚束《おぼつか》ない。

実は海堂は、行きたい大学は見事に全部落ちた。行きたくなかった大学しか通らなかったのだ。その上、在学中は日々アルバイトに精を出していた。「おまえの学費は出せない。大学に行きたかったら自分で学費を稼ぎなさい」というのが親の態度だった。事実、兄二人は大学に行っていない。だから勉強どころではなかった。そこで白《しら》羽《は》の矢を立てたのがT社だったのだが、そのT社でも入社試験は一発でハネられた。

しかし、そこからが海堂の真骨頂《しんこっちょう》だった。わざと一単位だけ残して大学を留年したのである。そして翌年、再びT社に挑戦した。作戦はズバリ当たった。「そこまでしてわが社に入りたいのか！　近ごろマレに見るやる気と熱意のある学生じゃないか」と重役陣が感激してくれたのだ。

まず人事部長、総務部長に気に入られた。その話が社長まで行って、「そんな学生はぜひ採用しろ！」と、社長決裁で願書提出だけで内定をくれた。入社試験も面接もすべてパスだった。

入社して配属されたのは中小企業担当だった。いわばリテールだ。そこで海堂が取った第二の作戦がクレーム処理だった。取引先からのクレーム処理を片っぱしから買って出たのだ。それこそ東にクレームが発生すれば飛んで行き、西にトラブル発生を聞きつけると「私におまかせを！」と言ってかけつけた。

この作戦も図に当たった。会社の上司に認められただけでなく、取引先企業の社長たちからも「イヤなことを率先してやる見どころのあるヤツ」という評価を得たのだ。

こうなるとあとはやりやすい。早朝、得意先に電話して、

「社長、これから行きます。モーニングのトーストとコーヒー用意しといて」

「なんでモーニング用意せにゃならんの？」

「社長、朝食も取らんとイの一番で御社に伺《うかが》うんです。モーニングぐらい用意しといてくださいよ」

「ウーン、わかった、わかった。はよ来い！」

で、午前中はそのままその企業にずっといる。聞きかじりの知識では、こういうときガツガツと仕事の話はしない。「ゴルフか女の話でもしていれば経営者は喜ぶ」

――と。そして昼近くなり、

「おい海堂クン、手ぶらで帰っていいんか？」

「いやァ、やっぱりお土産《みやげ》何か持って帰らないと……」

「じゃあこれ、注文書持って帰れや」

――あるいはこうなる。社長は仕入帳を取り出し、

「海堂クン、キミのために特別に見せたる。ウチはこの商品をこの値段で仕入れているんだ。同じ値段だったらおまえのところから全部仕入れてやっていいよ」

——さらに海堂の特技は「プレゼント作戦」だった。デール・カーネギーのすすめどおり、社長の奥様の誕生日には必ず何か持っていく。お子さんの入学祝いとか卒業祝い、ご夫婦の結婚記念日も同様だ。そして社長の前では奥様のことをホメそやし、奥様の前では社長のことを絶対ケナす。これで奥様に気に入られる。経営者に別におべっか使わなくても、奥様が社長に推せんしてくれるのだ。

あるいはこんな手も使った。

「僕は新入社員ですから、仕事なんてできるわけないじゃないですか。仕事は社長のほうが私よりできる。当たり前です。だから僕に仕事を教え、僕を一人前以上に育ててください。そして僕が育ったら、その御恩返しにこんどは僕が社長のお子さんに仕事を教えますから……」

——男の子を持つ経営者にとっては殺し文句である。

それから、取引先の冠婚葬祭《かんこんそうさい》には必ず顔を出した。これもある「成功法則本」で習ったことだった。

要領一番

海堂は、自分で自分のことを「結構、要領がいい」と思っている。小・中・高校を通して、そのクラスで一番中心になっているグループに所属した。これで他のグループの上に立つことができる。学内のすべてのグループと接点ができる。

大学時代は、朝から晩まで三つから五つのアルバイトを掛け持ちしていた。働かざるもの食うべからず——だ。一番長かったのが、ホテルの配膳《はいぜん》。上司に気に入られて、すぐにバイト学生たちの仕切りをまかされた。これは一番ラクでしかも実入りもいい。夜は週に二回、スナックのチーフをやった。そんなこんなで大学時代には、一ヵ月のバイト収入が四〇～五〇万円にものぼることがあった。

要領の下地は、中学生のときやった初めてのアルバイト経験だったろう。叔父が経営する運送会社で荷物運びをやった。そのとき教えられたのが「毎度おおきに！」と言うことだ。人がいる、いないに関係なく、いつも大声で「毎度おおきに！」と言え――と。

とにかく、ここまでの海堂の人生は働き蜂《ばち》のようなものだった。そんな努力が今ゼロになってしまった。そして商社マンとしての自信、（オレは選ばれた人間だ）という自負もまた木《こ》っ端《ぱ》みじんになってしまったのだ。この三二年間の笑い、希望、夢、人との触れ合い……、そのすべてが砕けて散った気がした。「やっぱり死ぬか……」――自殺願望が再び頭をもたげてきた。

そんなとき、脳裏《のうり》に浮かんだのが高校時代のソフトボール部の恩師だった。いい先生だった。厳しくて優しい。海堂にとっての〝第二のおやじ〟であった。「そうだ、先生に手紙を書こう！」

海堂は小学校から野球を始めていた。放課後は毎日素振り。祝日には父親とキャッチボール。プロ野球選手を夢見たこともある。ポジションはサード。「サード以外はイヤ！」とダダをコネた。もちろん「長嶋茂雄」への憧れだった。高田繁《しげる》や篠塚といった職人肌の選手も好きだった。

しかし、第一志望の高校に落ちて海堂の人生が変わった。第二志望の高校で「野球部に入れ」と監督に誘われたとき、海堂の反骨《はんこつ》がそれを拒否させたのだ。野球部に代わって入部したのがソフトボール部。なにしろこのクラブは、練習は週一回、頭も丸坊主になる必要なし。茶髪、ロン毛OKという夢のような体育部だったのだ。

――先生からの返事はすぐにきた。そこにはこう書いてあった。

「広、とにかく一度ふるさとに帰って来い。おまえがカブト虫を採《と》っていた〝山〟、鮒《ふな》を釣った〝海〟が待っているゾ」

琵琶湖幻想

ここは琵琶湖西岸。坂本が近い。湖岸の砂浜に寝転んだ海堂は、不思議な感覚に襲われていた。時ならぬ深い霧《きり》。こんなことは珍しい。なぜかすさんだ心が安らぐのだ。

やがて一条の光が差しこみ、その中に僧形《そうぎょう》の人物が現れた。

「あなたはどなたですか？」

「私か。私は天海僧上《てんかいそうじょう》と呼ばれていた。またの名を明智光秀《あけちみつひで》という」

そう言えば、このあたりには昔、光秀の居城・近江《おうみ》坂本城があった。

「というと、天海僧上は明智光秀だったという話は本当だったのですね？」

「ま、それはさておき、私はキミに伝えたいことがある。ただしキミにその気があればの話だが……」

「………あります………」

「わかった。それなら話そう。ま、〝三日天下〟のワシにたいそうなことを言える資格はないのじゃが、これからワシがキミに伝える話は、キミがこれからビジネスの世界で真の成功をおさめるためには必須《ひっす》のことばかりじゃ。注意して聞いて欲しい」

「はい……」

「まず第一に、キミは今回の挫折で自分には何の非もないと考えておるようじゃが、それは違う。根本の問題はキミ自身の不覚《ふかく》から生じているのじゃよ」

「どういうことでしょう？」

「まずキミの『成功システム』には『志』がない。私の言う『志』とは、世直し、天《てん》下万民《かばんみん》のためということじゃ。第一、キミは『金、金、金……』とお金にこだわりすぎる。お金は大切だが、必要なのはむしろ『志』だ。『志』があれば、お金を万民のため有効に使うことができる。キミはお金の使い方を知らん」

――天台僧・慈眼大師《じげんだいし》天海。歴史の巷説《こうせつ》で、本能寺の変のあと家康に助けられた明智光秀の〝その後の姿〟であるとする。〝東の比叡山〟として江戸・上野の森に東叡山《とうえいざん》寛永寺《かんえいじ》を開いた。家康お気に入りの一人である。

「第二に、キミには頭領《とうりょう》としての『器量《きりょう》』が欠けておるな。野心ギラギラ、やる気満々も結構じゃが、**人を心服させる**『**器量**』が不足している。人間、一人ではしょせん何もできんのよ。

この世は人が人を助けてくれる。人脈、つまり本当の仲間、〝信者〟がいれば、〝時間を足す〟ことができる。成功という大願成就《だいがんじょうじゅ》にとっては何より大事なことよ。師匠を見つけ、参謀《さんぼう》をつくり、人と人のつながりを考えることが肝要《かんよう》じゃ。これは私の失敗談でもある。私が山崎の合戦で秀吉殿に敗れたのも、私と秀吉殿との仲間づくりの差であった」

要するに、いくら能力があっても人がついてこなければ天下はとれない――というのである。

「いずれにしても、キミの真の成功のためには、まだまだ人生の勉強が要《い》る。それには歴史に学ぶことじゃ。そしてキミに心服《しんぷく》し、キミと生死を共にしてくれるキミの〝真田十勇士《さなだじゅうゆうし》〟をつくることじゃ！」

――いずれが夢か幻か。海堂はこの夢教育の場を、吉田松陰の「松下村塾《しょうかそんじゅく》」にあやかって「夢叶塾《むきょうじゅく》」と名付けたのであった。

第1ステップ「志」講師

天海僧上《てんかいそうじょう》
「歴史作家」先生

〈第１ステップの主な内容〉

「夢叶塾《むきょうじゅく》」の講義は、まず『志《こころざし》』の立て方から始まった。『志』こそ、人間の器量をはかるバロメーター。そしてその『志』を実現するために必須なのが、〃人の輪〃づくり。つまり同志を集めることである。それは人プラス人の「時間を足す」妙味《みょうみ》を生むからである。

自分以外の優秀な人財をたくさん育て、その人財を有効に活用していくことにより、それぞれの「時間が足され」、一日二四時間が何倍にも増えていくというのである。

志《こころざし》がなければ人はついてこない

海堂広から自殺願望はすでに消えていた。爆弾でビルを吹き飛ばそうなどという殺《さっ》伐《ばつ》とした気持ちもすでにない。そこにあるのは、何か透徹《とうてつ》した空気だった。ふっ切れたのだ。

湖岸で海堂は一人の人物に出会った。中年だがとても人なつっこい親しみやすい雰囲気を持っている。散策旅行で東京から来たという。自ら「歴史作家だ」と名乗った。いわゆる〝ウマが合う〟というやつだ。海堂は先ほどの異色体験を誰かにしゃべらずにはいられなかった。

「実はね、不思議なことがあったんですよ。あの天海僧上が私の夢に現れたんです。自ら『私は明智光秀だ』と名乗っていましたよ」

「ほう。それは私の仕事の分野だ。面白そうだね」

自称「歴史作家」は身を乗り出してきた。海堂の話に明らかに興味をそそられたようだ。

「その天海僧上がね。これからもちょくちょく私の夢枕《ゆめまくら》に現れて、私に人生指南《じんせいしなん》やビジネスの成功法則を教えてくれると言うのです」

「ほう。それはますます面白い。まさに『夢叶塾《むきようじゆく》』だ。どうだろう、海堂クンと言ったね。私にもその夢トリップにつき合わせてくれないかね。私も歴史のことなら少しは知っているし、キミに解説してあげることができると思うんだ」

「ええ、喜んで」

「よし、話は決まった。ところでキミはさっき、天海僧上から〝志〟のことを言われたと言ったね？　それならとても面白い本がある。といっても劇画なんだが、『サンクチュアリ』というんだ。でもこれは興奮するよ。とにかく一度読んで見給《みたま》え。きっとキミにも気に入ってもらえると思う」

「歴史作家」先生のすすめで、帰京した海堂はさっそく書店で『サンクチュアリ』を購入した。文庫版で全八冊。その日、夜を徹して一気に読んだ。いや、ストーリー展開に一気に引き込まれたといっていい。久し振りに〝血湧《ちわ》き肉踊《にくおど》る〟感覚を味わったのだ。それはまさに現代版立川《たちかわ》文庫。〝志〟の物語だった。

そのあらすじを簡単にご紹介してみよう。

主人公は男二人。浅見《あさみ》千秋《ちあき》と北条《ほうじょう》彰《あきら》。劇画だから二人ともかなりの美青年である。一人は代議士秘書から総理大臣の椅子を目指し、もう一人は極道の世界で日本統一をもくろむ。実はこの二人、ともにカンボジア移民の両親をポルポト派に殺されて孤《こ》児《じ》となり、辛酸《しんさん》をきわめたあとやっとの思いで日本に帰還《きかん》した過去を持つ。帰国子女《きこくしじょ》と言えば聞こえはいいが、難民キャンプで、少年ながら生命長らえたのが不思議なくらいの重労働に耐えたのである。

そして二人は誓った。「二人の力でこの国を変革しよう！　平和ボケした日本を壊す！　そのためには〝頭〟にならなければならない！」——と。つまりこういうことだ。「オレたちがやろうとしているのは、**今の日本の繁栄ではない。日本の未来なんだ。**そのためには、今の日本の秩序《ちつじょ》をいったんブチ壊す必要がある」

そのために浅見は政治家を志す。その抱負《ほうふ》は、「四〇歳で首相になり、閣僚はすべて三〇歳代で固める」というのである。「国民が〝生きている〟という実感を得られる政治、それはもはや老人に任せておくわけにはいかない」――というわけだ。なるほど、人間は同じ下着を着ていれば汗に汚れ肌も死ぬ。脱皮して新しい服をまとわなければ、ただ老いさらばえて醜《みにく》くなるだけだ。

世界の超大国や産油国が何を言おうが、ビクとも動じない、世界に冠たる真の独立国家日本、そして「オレは日本人だ！」と胸を張って言い切れる生きた日本人を創る！　それが二人の理想の境地なのである。そしてその結果誕生するであろう新しい社会こそ、誰にもうむを言わせない「聖域《せいいき》」（サンクチュアリ）なのだ。

しかし、地盤、看板、鞄《かばん》、二世といったバックが一つもなくて政治家を目指す若者たちにとって、その道は厳しく険しい。運よく選挙で当選したとしても、陣笠《じんがさ》から大臣、そして首相という出世の階段昇りは早くて三〇年はかかる。でも二人にはそんな時間の余裕はない。

三〇年の道程を一年でやりとげる道――一つだけ答えがあった。極道社会である。極道の世界では、天賦《てんぷ》の才気《さいき》と度胸と運があれば、人が三〇年かかってやっと成し遂げられることをたった一年でやってしまえる可能性がある。政治力と闇の力の合体、つまり「光と影」だ。

北条がその影の部分を担当することになった。新興やくざとして台頭《たいとう》した北条は、裏社会特有の闇のルートを駆使して資金を稼ぎ、あるいは先輩代議士を失脚《しっきゃく》させて浅見の政治家としての成長を物心両面《ぶっしんりょうめん》でサポートする。

むろん、それだけではない。北条にも影の男としての一つの夢があった。それは日本極道界の再編と統一、そして株式会社化の野望であった。そうなれば極道もまた裏の社会から表の社会へと浮上する。立派なビジネスへの道である。

一方、「いざ妖怪どもが巣食う迷宮へ」——見事衆議院議員当選を果たした浅見は、政界大物たちの妨害工作や裏切りにほんろうされるが、紆余曲折《うよきょくせつ》の末ついに念願の首相公選にこぎつける。そして公選制最初の首相候補として国会で指名投票を受けている最中、カンボジア時代に浴びた枯れ葉剤を原因とする奇病に倒れて、物語は終わる。

辞世《じせい》の言葉は、「そろそろ眠っていいか?」——。

——しばらくして、「歴史作家」先生から連絡があった。

「どうかね、『サンクチュアリ』は?」

「いやぁ、カッコいいっすねえ。現代のヒーローですねえ。もう何十回も読み返してしまいましたよ」

「で、キミはあの物語のどこが気に入ったのかね？」

「北条のセリフにある、〝**生きた人間を創る**〟ってやつですね。『力の前に尾を振るのは簡単だ。でもそれは自分で生きてるんじゃねえ、生かされているんだ』――と。『力にほんろうされ、てめえの意志とてめえの手足で動けなきゃ、屈辱《くつじょく》と後悔しか残らねえ！』というあれですよ」

「フム、フム」

「それと、北条の〝志〟を支えた極道界の人脈。ギンギンの武闘派の先輩や敵対する親分連中が、北条の人間としての〝器量〟に惚れこんで次々と味方になっていくんですね」

「そうだろう、そうだろう。日本の歴史上、この『サンクチュアリ』と同じ〝志〟を持った人間がいたんだよ。〝生きた人間を創る〟という意味では吉田松陰《よしだしょういん》、そして〝**人間としての器量**〟で多くの荒くれを心服させ、徳川家康を倒して天下を取るという満願成就《まんがんじょうじゅ》の一歩手前で死んだ真田幸村《さなだゆきむら》がそれだな。幸村の場合はとくに、兄の信幸が表の道を、弟の幸村が裏街道を受け持ったという点で『サンクチュアリ』の世界にもよく似ている」

「なるほど。僧上が〝歴史に学べ〟とおっしゃっているのはそのことですね？」

「まさにそのとおり。あとはキミ自身が天海僧上と霊界で通信する番だ」

——海堂はがぜんやる気になっていた。もう一度「自分を無にする」決心がついたのだ。原点に立ち返るということだ。振り返ってみると、たしかに自分は勉強不足だった。でも次からのオレは違うゾ。能力も学歴も金もない人間だが、一人の男としてもう一度挑戦したる！

海堂はそう信じていた。

ライオンのシッポより犬の頭になりたい

瞑想《めいそう》——坐禅を組む。最近の海堂の習慣だ。禅で言う無心の境地に入っているかどうかはわからない。でもこの姿勢を取ると、天海僧上が現れてくれる。その日もそうだった。

そこは山口県萩市——。旧毛利藩《もうりはん》の本拠だ。城下町のはずれ、草深い田舎の匂いがし始める松陰神社の境内に、「松下村塾《しょうかそんじゅく》」の遺跡が遺っている。海堂と天海僧上との、二人だけの夢幻《むげん》トリップだった。

「吉田松陰と『松下村塾』について教えてくれということだが、ところでキミは松陰についてどの程度知っているのかね？」

「学校の歴史の時間に学んだ程度です。『松下村塾』という私塾を開いた人で、その一門から明治維新の志士たちやいわゆる明治の元勲《げんくん》がたくさん輩出《はいしゅつ》したというくらいで……」

「そのとおりじゃ。しかしな、一番大事な視点が抜けておる。それらは単なる結果であって、目的ではないということじゃ。彼らはたしかに歴史を転回させる起爆剤《きばくざい》となり、松陰が理想とした「聖域」を作った。だが松陰の目的は、『この日本国を変え、日本人を創る』こと自体にあった。つまり人づくり、人財を育てることにあったのだ」

——西洋文明の優秀さを知った松陰は、「このままでは日本は西欧列強の言いなりになってしまう」と危機感を抱き、以後、さながら「狂」の如《ごと》く人づくりに邁進《まいしん》する。その口ぐせは「行動せよ」。学問や知識より、まず行動を起こせ！——というのだ。頭の中でいくらいいことを考えていても、「実践」しなければ意味がない——と説いたのだ。

「そうか。要するに〝ライオンのシッポより犬の頭になれ〟ということですね？　つまり**人のうしろからついていくのではなく、僕自身が先頭を切って行動を起こせと**……」

「おう、理解が早いじゃないか。ただ松陰自身は自らトップに立って行動しようとは思わなかった。一人より二人、二人より三人……。世の中を変えるには強力なパワーが要る。松陰はそのことを見通していたのじゃ。やはり傑物《けつぶつ》よ」

——なるほど、一人のヒーロー、一人の頭《あたま》が現れても、その人間が倒れれば改革の火は消えてしまう。でも自分と同じ「行動する指導者」が次から次と現れて世直しをはかれば、大願は成就《じょうじゅ》する。

「それにしても、松陰さんの教え方はうまかったんですねえ」

「そりゃまあ天才的だったな。その教育方針は、どんな人物でも潜在的に持っている何らかの才能を的確に引き出し、それを伸ばして激励し、希望を与えて世の中に送り出すことだった。とにかく個性を伸ばす。生徒全員を画一的《かくいってき》に扱うことはなかったな。しかも身分に関係なく、その人を染め上げていったんだ。もちろん松陰に人々を惹《ひ》きつける頭領としての器量があったこともたしかじゃ」

——松陰は若いとき天然痘《てんねんとう》に冒されてひどいアバタ面《づら》であり、着るものにほとんど関心を示さなかった。手が汚れるとすぐ自分の着衣《ちゃくい》で拭《ぬぐ》ってしまうため、着物はいつも薄汚れていたという。頭髪も二ヵ月に一度しか洗わなかった。

身長も、たとえば坂本竜馬《さかもとりょうま》が一八〇センチを超す偉丈夫《いじょうふ》だったのに比べ、いわゆる〝五尺の体〟。見かけの全く冴《さ》えないこの小男が、ひとたび口を開くと火を噴《ふ》くような情熱を発した。彼に語りかけられると、弟子たちはまるで呪縛《じゅばく》されたように松陰の魅力のトリコとなったのだ。

「ところで松下村塾出身者の中でもっとも代表的な人物を一人挙げよと問われたら、僧上は誰を指名します？」

「そうよな。私の好みで言えば高杉晋作《たかすぎしんさく》だな。彼はもともと奔放不羈《ほうぽうふき》なジャジャ馬だったから、古典の丸暗記ばかり教える萩・毛利藩の藩校『明月館《めいげつかん》』の授業にはついていけなかった」

「まるで出世のための現代の試験対策のようなものですね？」

「そのとおり。そんなとき松下村塾の噂《うわさ》を耳にした。でも晋作ははじめ松陰を馬鹿にしていたはずだ。『どうせハッタリ屋だろう、月謝《げっしゃ》不要というからちょっと覗《のぞ》いて見るか』――その程度の軽い気持ちで出掛けて行った。そしてひと目で松陰の人物に心酔《しんすい》してしまったのだ」

――晋作は、師の松陰と同じく〝狂〟の字がつく男だった。だが、道徳的で生涯独身、三〇歳で獄死するまで女っ気のなかった松陰と違い、晋作は放蕩無頼《ほうとうぶらい》、酒色《しゅしょく》に溺《おぼ》れていた。しかし奇兵隊《きへいたい》を組織して幕軍を打ち破るなどその奇想天外な独創力と行動力は、完全に師をしのいだと言えるだろう。

「要するに、松陰には誰よりも〝新しい日本と日本人を創る〟『志』があったということじゃ。キミに足らんのはその『志』じゃな」

自分を繁栄させたいなら、他人を繁栄させる

「きょうはキミを珍しいところに連れて行ってあげよう」

天海僧上はことのほか上機嫌だった。そして連れて行かれたのは、なんと一九二〇年代のニューヨーク・ヤンキースタジアムではないか。

「ほら、ベーブ・ルースが打席に立っているゾ。今シーズンは、出足から絶好調だ。夏場ですでにホームラン四〇本！」

「あれ、僧上。野球のことまで知っているんですか？」

「もちろんタダ遊びに来たわけじゃない。きょうキミに教えたいことは、『一人では野球はできない』ということだ。ところがキミときたら、いつも一人相撲《ひとりずもう》を取ってきた。人脈づくり、仲間づくりを怠《おこた》っていたな。オレが、オレが、の意識が強すぎるん

だ。なまじ能力のある、親分肌の人間にありがちな現象だけどな。つまりなんでも自分一人でこなしてしまおうとする。もったいない話だ。だってそのぶんキミは〝自分の時間〟を浪費しているのだから……」

「人の輪が大事だということですね？」

「もちろんさ。宮仕《みやづか》えであろうと自営業であろうと、**人の輪づくりはビジネスの基本だ。どんなビジネスにも通用する。仕事に対する考え方を〝人第一〟で判断することだ。人を観る眼力を養うことだ**」

でもそれは肩書や地位、収入が基準ではない。肩書や地位で選ぶと、絶対に長くは続かない。あくまでも自分と一緒に志を果たしてくれる〝仲間〟を選ぶことだ――と。

そういう天海僧上の一語一語が、今の海堂にはビシビシと響くのだった。

「誰とチームを組むか？　そのことが大事なんだよ。遊びだって同じことだろう。誰と遊べば楽しいか。相手しだいでビジネスの成果も遊びの楽しみも二倍、三倍になる！」

「それと人間三〇歳代になったら、できるだけ年上の人との付き合いを大事にすべきだろう。その中にはすでに一国一城《いっこくいちじょう》の主もたくさんいらっしゃるはず。キミにとっても勉強になるはずだよ。それは〝今〟だけでなく、未来へとつながる縁なのだから。人間関係づくりこそ長期的なレンジで見る投資が必要だということだ」

「でも僧上、人の輪づくりとおっしゃいますが、人と人の付き合いの中には〝好き、嫌い〟という感情が入ることもあるじゃないですか？」

「それはたしかにある。出会いというのは一つの縁。一期一会と言うくらいだからね。キミは一期一会という言葉の本当の意味を知っているかね？」

「いいえ」

「その人にとってのベスト・タイムという意味なんだよ。だからこそ初めての出会いを馬鹿にしないこと。つまり一口に縁と言っても、〝サムシング・グレート〟の力によって与えられたものもあるだろう。そういう意味で考えると、縁には測り知れない不思議なものがあるな」

「僕は、性格的に合う、合わない、つまりウマが合う、合わないというのもあると思う」

「キミもなかなか強情《ごうじょう》だね。ま、それは認めよう。人間だからね。人と人の関係には、理性では割り切れない何かが介在しているのも事実だ。これを『類友《るいとも》の法則』と言う。いわゆる、類が友を呼ぶというやつだ」

「類友の法則ってどういうことですか?」

「人間には、不思議と似たような人物が寄り集まるという習性がある。たとえばお酒の好きな人の周りにはお酒の飲める人が集まり、病気がちの人は同じく病気がちの人と仲間をつくる。明るい人は明るい人同士、仲良くやる。このように、似た者同士が集まることを言う」

「天海さんお得意の歴史上の人物の教訓で何かありませんか?」

「それはある。気が合うか合わないか、それはときに人間関係においてすべてに優《まさ》る力をおよぼすことがある。たとえば信長公《のぶながこう》と秀吉殿《ひでよしどの》の関係がそうだな。信長公は究極のところで秀吉殿の力を認め、秀吉殿は信長公に怒鳴られコキ使われながらもその仕打ちに耐えられた。その秘密は何かと言えば、二人が誰よりも単純に〝気が合った〟ということだよ。その点、私と信長公はウマが合わなかったと言わざるを得ないね」

――僧上の言わんとすることはこうだった。すなわち①類友の法則は、いいことばかりではないから注意。②それは怠《なま》け者同士、マイナス思考同士の人間が集まってしまう危険がある。つまり海堂自身も周囲の影響で怠け者になってしまう恐れがある――と。

――と、そこに再び「歴史作家」先生が割り込んできた。

「どうだ、海堂クン。僧上のおっしゃることが理解できたかな？　私がわかり易く解説してあげよう。それはこういうことだよ」

①どういう風に人を観るかというと、自分の人生で、「この人と長くお付き合いをしたい」って思える人を第一優先で考える。

②その人がたまたまある仕事で結果が出なかったとしても、五年後、一〇年後には結果が出るかもしれない。

③この人は今は結果が出ている、でもそれは単なる運かもしれない、ラッキーかもしれない――と思え。

④繰り返すが、人間関係で大事なのは、自分がこれから生きていく人生で「この人と長くお付き合いしたい」、「もしくは付き合ってもらいたい」っていう人を大事にすること……。

⑤ほとんどの人は、目先のことしか考えないで付き合う。それはダメ。まず自分の一〇年、二〇年先の中で自分がどういう人生を生きていくのか、その中に今の仕事がどうあるのか、その中で自分をどう磨《みが》いていくのか、そこを見きわめた後、そのプランにふさわしい人に長期的にお付き合いしていただく。

⑥失敗しても納得できる人間関係。利害以外で付き合える人間関係を大事にする。

⑦つまり人間関係こそ長期的な投資の対象である――。

(そんなこと、わかっているワ)と、海堂は心の中で反発した。しかし「歴史作家」先生の最後のひと言が海堂の心にグサリと突き刺さった。「**ただ、全員に対してまず感謝。ここから入る。嫌いな人でも合わない人でも、感謝。**なぜかというと、自分を繁栄させたいのなら、まず他人の繁栄から図るべき――ということさ」

「この人のためなら命も惜《お》しくない」という気持ちにさせる

ビジネスに必要な人間関係、つまり人使いはとても大事なことだ。自分と周辺のグループとの関係がどうなっているかは、ビジネスにおける成功、不成功と大きくかかわってくる。端的に言って「ダメな関係」は次の二パターンの場合だ。

①上司と部下の関係になっている

②先生と生徒の関係になっている

上司と部下の関係がよくない理由はおわかりのはずだ。うまく回らないとお互いの依存《いぞん》関係が強まり、職場の士気《しき》を損《そこ》なってしまう。何より人が育たない。人が育たなければ、結果的にはビジネスの広がりは阻害《そがい》され、その組織は死《し》に体《たい》になってしまう。

第二の「先生と生徒の関係」は一見すると問題ないように思えるかもしれない。先生が生徒にものを教える〝先生と生徒〟の関係は、上司と部下のような反発はあまり見られないだろう。でも結局はこれも人が育たない。なぜなら、よい関係は続けられるが生徒は一生生徒のまま。やはり依頼心ばかり強くなって進歩が阻害されてしまう。これは過保護な親と甘ったれた子どもの関係といってもよい……。

「それじゃあ天海さん、いい人間関係はどういうケースなのですか？」

「それはな、まず第一に『**師弟関係**』、そして第二に『**信頼関係**』じゃな。これは理想的だ」

「もう少しわかり易く説明してください」

「先生と生徒も広義には師弟関係と呼ぶことができるが、私がここで言う師弟関係とは、職人の世界で言う親方と弟子のような関係のことだ。なぜ師弟関係がいいのか？それは弟子が成長できるからだ。なぜ成長できるのか？　職人の世界の親方は、手取り足取りして弟子に教えたりしない。どちらかといえばこき使って、『知りたければ勝手に盗め』という態度だ。コックや板前、シェフの世界でもそうだな。

こういう態度をとられると、弟子のほうは必死になって覚えようとする。覚える方法はまさに鏡の法則で、『見よう見まね』である。このような関係はとても望ましい」

「では『信頼関係』というのは？」

「その根幹は〝友情〟にある。ここで言う友情とは、単に友だちづき合いの情のことではない。年齢の差にも関係なく、どちらか一方がどちらか一方に心酔《しんすい》する、心服《しんぷく》する、トコトン惚れる、という関係のことじゃ。ちょっと古い言葉で言うと『肝胆相照《かんたんあいて》らす』と言ってな。〝肝胆《かんたん》の仲〟とも言う」

「肝胆の仲？」

「そうじゃ。人間の体の中で、肝臓と胆臓はもっとも密接な相関関係を持ちながら活動している。お互いに相助け合って私たち人間の生理機能が正常に働いているのだ。ところが肝臓と胆臓のどちらかの働きが悪くなってバランスが保てなくなると、私たちの体はとたんにガタガタになってくる。つまりどっちがなくても大変なことになる。切っても切れない関係のことを言うのだ」

「そうか！　なるほど！　〝肝心要《かんじんかなめ》〟っていう言葉もありますよね」

「そうそう。薬師如来様《やくしにょらいさま》以来の偉い人は、心理的な機微《きび》に触れることを私たちの内臓の臓器にたとえて実にうまく表現なさっておるのだ」

「わかりました！　僧上がおっしゃりたいのはこういうことですね？　相手を『この

人のためなら生命も惜《お》しくない』という気持ちにさせる……」

「おう、キミも物わかりがよくなってきたじゃないか。そのとおりだよ。その関係が、私が前に話した真田幸村と十勇士《じゆうゆうし》の〝義兄弟《ぎきようだい》のちぎり〟じゃ」

「要するに**損得抜きの関係に信頼関係が加われば、人間関係は磐石《ばんじやく》だ**ということですね？」

「そのとおり！」

「で僧上様、あなたがお得意の戦国武将の話ですが、天下を取るくらいの器量のある武将たちは、きっとすばらしい人使いの仕方をしていたんでしょうね？」

「そりゃあいろいろある。一々挙げたらキリがない。ただ、戦国乱世の中で敵の首を取るのが常識の時代に、天下を取る器量を持った武将は敵の罪を許して逆に自分の部下にしている。その部下も、恩義《おんぎ》に報《むく》いようとしゃかりきに働く。その意味で最高だったのは、なんと言っても豊臣秀吉公だろうな。まさに〝人たらし〟の天才と言える」

——それもこれも秀吉が『**人財は宝**』ということをよく認識していて、たとえいったんは敵、味方に別れてもその能力をトコトン信じて登用《とうよう》した。人間の目利《めき》きが出来て、さらにそういう人財を組織の中で生かす。これこそリーダーの条件だ――というのである。

「だがね」と、僧上は続けた。

「人使いの〝真打ち〟はやはり家康様だと私は思うね。私が生命を助けられたから言うわけじゃないけどね。家康様は自分の家臣団を非常に大事になされた」

――家康は三河以来の譜代《ふだい》の臣だけでなく、中途採用の能吏《のうり》も抜てきして適材適所で要職をまかせた。滅亡した武田家の臣を受け入れたのは最大のヒットではなかったか。各地の金山、銀山を開いた鉱山技師の大久保長安《おおくぼながやす》などはそのいい例だ。

「家康様は、どんな重臣に対しても高禄《こうろく》を与えていない。金で〝心を買う〟のではなく、高い信頼で〝人を重んじ〟たのじゃ」

――そう。定評のある安月給で天下を支配した〝家康会社〟の秘密は、やはり家臣団の団結力と士気を高める家康の〝人使いの妙〟にあったのだ。

「時間を足す」妙味《みょうみ》

ビジネス成功の条件の一つに、「時間の使い方」がある。ある意味、それが勝敗を決定すると言ってよい。

人間に与えられた時間は、最高でも一日二四時間しかない。しかも「時間だけは万人《ばん》平等《にん》に与えられている」と思うのはとんだカン違いで、時間の使い方しだいでは人それぞれに天と地ほどの差が出てしまう。すなわち、時間とは使い方しだいで増えたり減ったりする。つまり、自分の時間が足りなければ、他人の時間を足させていただく。そうすれば時間は二倍にも三倍にも化けていく。

「たとえば**キミの一日二四時間を、何十時間、何百時間にすることができるか。これを〝足す〟という。もっと具体的に言うと、自分以外に仕事ができる人間を何人作れるかということだ。それが人財のつくり方であり、参謀《さんぼう》のレゾン・デートル（存在意義）となる。**おわかりかな？」

と天海は言った。（そうか、そうだったのか！）海堂は納得だった。だってそれまでの海堂といえば、いつも最前線で目いっぱい働くのが当たり前と思っていた。そして時間の足りなさを嘆き、イラ立っていた。しかしそれは大間違いだったのだ。

「それから、私が先ほどから『参謀《さんぼう》』という言葉を使っても『専門家』とは言っていないことにお気付きかな？」

「いえ、そこまでは……」

「専門家というのはいわばプロだ。その分野のエキスパートを言う。大変利用価値がある。しかし〝専門馬鹿〟という言葉があるように、専門家は知識はものすごいが必ずしも〝知恵者〟ではない。この違いは大きい。その点、『参謀』と言えるほどの人間は器量も大きく、ときに他人の人生の師ともなり得る存在だからだ。

つまりだ、私がキミにすすめているのは単なる専門家を集めることではなくて、もっともすばらしい『参謀』を得るという大事業のことなんだよ」

「僧上。ではあなたがお考えになっている〝名参謀の条件〟とは具体的に言うとどういうことなのでしょう？」

「おう。ズバリ切り込んできたな。それはな、私流に端的《たんてき》に表現すれば、①臨機応変《りんきおうへん》に好機《こうき》を捉《とら》える、②相手の手の内を知り、敵の意表《いひょう》をつく、③治《ち》にいて乱を忘れず――の三つに集約《しゅうやく》できよう。なかでも①の『好機の捉《とら》え方』がもっとも大事じゃろう」

　僧上の心を現代調に訳すとこうなる。すなわちその心は「時間の使い方」、そして「すぐやる」決断だと言う。

　――時間というものは、管理の仕方で増えたり、減ったりする。つまり**時間には利用価値はあるけれども所有価値はない**。所有価値があるなら好きなときに使えるが、利用価値はいわば「機会」であって、その時に活用しなければ、もう永遠にその「時」は活用できない。つまり時間はあるかないかでなく、「今」をどう利用するかにかかっている――というのだ。

　なるほど、時間をどう使うかで結果は大きく異なってくる。その場合の時間の使い方は**「誰にどう使うか」**がいちばんの問題になる。その場合、二つの視点が必要になるという。

「この人に時間を使えば収入が増える」

「この人に時間を使えば自分の時間が増える」

この条件が満たされることに時間を使うべきであって、その優先順位を間違ってはいけないということだ。

人がしばしば時間のムダづかいをするのは、時間を振り向けるための有効性の視点を持たないためだ。有効性の視点を持てば、そこから自ずと優先順位が決まってくる。同時にその有効性のために、**あらかじめ予定したスケジュールをいつでも変更する柔軟性が求められる。それこそ〝臨機応変〟**だ。

第1ステップの教えの実践

海堂は、もはや企業に身を寄せる気持ちはさらさらなかった。もう宮仕《みやづか》えの時代ではない。社会が変化しつつある。従来の企業経営はシステム疲労を起こしている。ならば、本当の意味での個人の幸せを追求するためにはどうしたらいいのか？

海堂は、以前から興味を持っていたビジネスを自分で興《おこ》すことにした。天海僧上、そして僧上をサポートする「歴史作家」先生の教えがあれば、成功することは確実と思えた。

ところで海堂のモチベーションを変えた第一の要因は、なんといっても「歴史作家」先生に教えられた劇画『サンクチュアリ』との出会いだった。当然、海堂の作業の第一は『志』を打ち立てることだった。お金を儲けたい、ビジネスで成功したい――その思いは変わらない。しかし、商社マン時代と違うのは、儲けたお金と築き上げた人の輪を、日本の精神的な再建、つまりかつての日本人のような、〝**自分の意志**

を持つ生きた人間創り〟に活用しよう、ということだ。

つまり日本の未来のために、平和ボケした日本を作り直し、この国を変革したい！――という強烈な欲求だった。それはしょせん、蟷螂《とうろう》の斧《おの》でしかないかもしれない。大それた野心、と笑われるかもしれない。でも海堂は大きな目標を掲げて挑戦することに決めたのだった。

作業の第二は、「仲間づくり」である。自分の「志」に共鳴してくれる仲間が果たして何人集まるか？　海堂はまず財産の一つのアドレス帳を引っ張り出した。年賀状やもらった名刺を整理したものだ。

そして手紙を書く。自分の「志」、新しい仕事に対する思いを語り、そこに『サンクチュアリ』の通読をすすめた。ただし、自分はあくまで出来上がった〝人の輪〟のリーダーになるつもりはない。「仲間の中でもっとも器量のある人間に〝頭〟をまかせたい」と書いた。人生の出直しに際して、海堂はすでに自分を一度無にする覚悟ができていた。

資金集めも、最初は金融機関やベンチャー・ファンド、あるいは企業に頼ることを考えた。しかしそれでは新しい仲間に対して押しつけがましいし、〝手づくり〟にならない。そこでみんなに〝戦闘資金〟の拠出《きょしゅつ》を訴えたのである。

結果は――。手紙作戦と口コミで、人とお金が驚くほど集まってきたのだ。一芸に秀でた〝その道のプロ〟や、参謀向きの人財も得た。はじめはホンの小さなグループだったが、互選《ごせん》の結果、海堂が言い出しっぺとして当面の仮リーダーをつとめることになった。

「『志』を持つことによって、これほど人がついてきてくれるものなのか……」

と海堂はあらためて「志」の重要性を認識した。

スタッフはみんなよく働いてくれた。海堂は、商社にいたころを思い出していた。

「みんな、あのときの部下たちと、全く違うな……」。

そして海堂自身、一番〝新たな目〟が開かれた思いがしたのが、「時間を足す」という感覚である。「一日二四時間は万人に平等である」とはよく言われることであるが、仲間の協力を得ることにより、自らの時間が何倍にも増えるという感覚を味わったのだ。

第2ステップ「バランス」

講師　天海僧上《てんかいそうじょう》「歴史作家」先生

鈍才《どんさい》さん

〈第2ステップの主な内容〉

「夢叶塾《むきょうじゅく》」に新しい師匠が登場した。「鈍才《どんさい》さん」である。〝立志伝中《りっしでんちゅう》の人物〟に似たこの謎の老人は、自らの体験に基づき海堂に懇切丁寧《こんせつていねい》な解説をしてくれる。

たとえばお金の稼ぎ方、守り方、増やし方、分かち合い方、使い方のバランス、「失敗したくなければ失敗に学ぶ」ことの大事さ。物真似《ものまね》から脱却し、オリジナリティで勝負できるかどうか……。

さらに人生の設計図としての「目標設定」の大事さ。それも時間の区切りと金額が入った具体的なものでなければならない。

そして何より、つねに謙虚さと学ぶ心、感謝の念を忘れない心掛けなど、海堂に新しいレッスンが行われる。

「生きたお金」か「死んだお金」か

海堂広に新しい〝師〟が現れた。

彼は自分を「過去のビジネス成功者の一人」と自己紹介した。かなり著名な人物であるようだが、顔の輪郭《りんかく》はぼけていてわからない。

「もしかしてあなたは松下幸之助《まつしたこうのすけ》さんでは？　それとも本田宗一郎《ほんだそういちろう》さん？」

なんの根拠があったわけでもない。ただ、そんな予感がしただけだ。

「キミがどう思おうと勝手だが、私がどんなビジネスで成功したか、それは知らぬほうがいい。へんな色が付くし、邪念が入ってしまう」

ならばやむを得まい。「私はしょせん鈍才《どんさい》だから……」というのが彼の口ぐせだったので、海堂は彼を勝手に「鈍才さん」と呼ぶことにした。

（それにしても……）と海堂は思う。琵琶湖畔の草むらでのみ実現する幻夢《げんむ》。まるでふるさとの山の神々が呼び寄せてくれているようだ。しかも自分に「成功への法則」

を説き、成功の道へと導いてくれるというのだ。まさに海堂にとっての〝心の修行道場〟であった。海堂がこれを、「松下村塾《しょうかそんじゅく》」にあやかって「夢叶塾《むきょうじゅく》」と名付けたことは前述のとおりである。

「それにしてもキミはずいぶんとお金に執着があったみたいだね？」

「鈍才さん」は、ノッケからズバリと核心を衝《つ》いてきた。

「それはそうですよ。世の中、なにをするにもまずはお金でしょ。私の実家は貧乏でしたし、学歴も二流です。氏《うじ》も育ちも悪い人間がのし上がるためには、なんと言ってもお金を持つのが近道でしょう。『金があれば阿呆《あほう》も上座《かみざ》、落ちぶれれば鳳凰《ほうおう》もニワトリに劣る』という諺《ことわざ》もあります」

「〝地獄の沙汰《さた》も金しだい〟ってか。なるほど一理ある。誰でもホンネはお金は欲しい。ラクして金儲けしたい、と思って当たり前だね」

「それに『お金があれば賢明《けんめい》で善良《ぜんりょう》そうに見えるし、お金がなければ人相も変わる』、あるいは『お金があれば誰でも友だち、お金がなければみんな逃げる』というのもあります」

「お金にまつわる諺《ことわざ》、よく勉強したね。まさにキミの心情をよく表している。実は私もそうだった。家は貧しく、九歳で丁稚奉公《でっちぼうこう》に出された。電器屋の見習いさ。私もね、入口は不純でいいと思うよ。お金であろうが物欲《ぶつよく》であろうが、欲があるからこそパワーが出る。私の場合も、最低限今の生活よりちょっとだけよくなりたい、プラス・アルファがあればいいと思っていた」

「そうでしょう」

「でもね、お金、お金ってムキ出しにされると嫌われる。鼻につく。そりゃ、お金をたくさん稼ぐ人はいくらでもいる。とくにITバブルのときなんか、にわか長者が雨《う》後《ご》の筍《たけのこ》のように輩出《はいしゅつ》した。でもバブルがはじけてからも生き残った人はホンのひと握り。あとはみんな消えて行った。死屍累々《ししるいるい》だな」

「そりゃそうでしょうが……」

「結果を出せばチヤホヤされる。で、人が寄ってくる。でもブームが終わった段階でタダの人なんだ。でも今までの生活から抜け出せない。金銭感覚が変わっちゃってるから元の貧乏時代にはもう戻れない。だから何千万円、何億円と稼いでも、逆に何千万円、何億円という借金をつくってしまう。金塊、外国の高級車、ブランドもの、キンキラキン……」

「でもそれでモチベーションが上がる人は多いと思います」

「そう。金銭欲、物欲を消す必要はない。でもね、**簡単に上がるモチベーションは簡単に落ちる**んだよ。稼ぎ方をどれだけ身に付けても、本当のお金持ちにはなれないんだな。**稼ぎ方**、**守り方**、**増やし方**、そして**分かち合い方**……。最低この四つを身につけないとお金持ちにはなれない」

「そういえば僕が学生時代にバーテンダーのバイトをしていたとき、常連《じょうれん》さんに経営者の方がいらしたんですよ。その人に言われたことがあるんです。『海堂クン、キミってつくづく経営者に向いてないな』って」

「なぜ？」

「それがですね、『キミ、人にありがとうって言われたらうれしいやろ？』って。『ええ、うれしいですよ』。『それだからダメなんだ。オレなら言うね。オレは言葉よりもお金のほうがいいって』……」

「ウーン。そこまでいくとどうかな。お金の奴隷《どれい》になってしまうような気がするな」

「その人はいつもこう言っていました。『お金を愛すんや。そして使うんや。人生お一人様一度きり。消費は美徳《びとく》やで。大きな社会貢献やないか』って。あるときなんて、急に『あー、蟹《かに》が食いたくなった。よし、ご馳走《ちそう》したる、付き合ってや』って、そのまま北海道の札幌まで飛行機で連れていかれたこともあった……」

「社会貢献と言ってても使い方がね。あの紀伊国屋文左衛門《きのくにやぶんざえもん》のように、文化の振興《しんこう》に使ってもらいたいな。人生、勝つことは大事だけど、でも勝ち方も大事。お金もそう。稼ぐことは大事だけど、稼ぎ方も大事なの。何をして稼いでもいいってもんじゃない」

「要するに気持ちの持ち方、心掛けってことですね」

「そうそう。金銭欲、物欲は最終的にはなくさなきゃいけない。入口は不純でいいんだけど、最終的には純粋なものでなくてはいけない。でないと、本当の意味の成功にはたどり着かないんだよ。不純なままだったら、どっかで落ちていく。そこに人間成長のカギがあると思うね」

「よく企業メセナってありますよね、社会貢献……。でもあれ、一種の企業PRじゃないんですか？　儲け過ぎのテレ隠し、もっと言えば偽善《ぎぜん》じゃないかなァ。それなら従業員の給料を上げたらいい」

「キミは鋭いところを衝《つ》いてくるね。でもそれを言っては身もふたもない。少なくとも私の場合は、言ってみれば〝世直し〟、お国の発展のために使ったつもりだ。若い政治家志望者のための塾を作ったし、良書を世に出す出版社も作った。とくに政治や経済、人の生き方について提言していくためのシンクタンクも作った。私としては満足しているがね」

「それは確かに……」

「事業というのは個人の利益の追求じゃない。そこを間違えて個人の利益の追求のまま事業に行くから失敗する。それに、給料が高いからといって企業が発展し、従業員が団結して心が一つになるとは限らん」

「確かにそうですね」

「とにかく使い方が問題なんだ。**いい使い方をするためにはケチに徹する。蓄財《ちくざい》する。**

その代わり使うときはドーンと使う。そうだ、キミの好きな歴史の教訓を天海僧上に聞いてみたらどうだい？」

――と、「鈍才さん」に代わっていつの間にか天海僧上が現れた。

「ようやく私の出番がきたようだな。そう、戦国武将もケチだった。でも使うときはドーンと使った。ただし、その使い方はかなり功利的《こうりてき》だったけどな」

僧上が最初に引き合いに出したのは毛利元就《もうりもとなり》だった。元就が孫の輝元《てるもと》に遺《のこ》した手紙にはこうあるという。『芸も要らず、能も要らず、遊びも要らず、紅葉も要らず、何も要らず。ただ日夜、武略・智略・計策の調略工夫が肝要に候』。

「紅葉というのは茶道のことじゃ。つまり『無駄遣いをせず、ひたすら会社の経営に専念しろ』というわけだ。まさに創業者魂躍如《やくじょ》というところかな。その点では北条早雲殿も同様だった……」

北条早雲はその出身が謎の人物である。元・伊勢新九郎《いせしんくろう》という名の遊芸者《ゆうげいしゃ》だったとも言われている。駿河の名門・今川氏の妾《めかけ》となっていた妹を頼って今川氏の食客《しょっかく》となり、ついには関東に「北条氏」を建てた。

問題はこの「北条」の姓だが、鎌倉幕府の執権《しっけん》だった北条氏ゆかりの一族にやもめの未亡人がいるのを知り、莫大な貢《みつ》ぎ物を贈って入《い》り婿《むこ》となった。と言っても秀吉や家康のように単に女好きだったからではない。彼女が背負っている「北条」の名跡《めいせき》が狙いだ。〃流れ者〃の早雲としては、ヨダレが出るほどの大看板《おおかんばん》だった。

なにせ早雲のケチケチぶりは有名だった。生活ぶりはとにかく質素。それこそツメに火を灯《とも》すほど。「人がなんと思おうとも、刀《かたな》こしらえなど華美《かび》は無用に候」と言って、武士団の頭領が刀に金細工も銀造りもしない。

しかし、「必要なときは玉を砕《くだ》いても使う」——と。玉というのは宝石である。形があってこその価値がある。でも必要なときは、宝石でも惜しげもなく砕《くだ》いて使う——というのである。

「いや、それならもっとすごい人物がいるよ」

またまた現われたのは、あの「歴史作家」先生だった。

「私の大好きな黒田家の話なんだけどね。と言ってもこれは官兵衛ではなく、おじいさんの重隆《しげたか》なんだが……」

——黒田家は宇多源氏《うだげんじ》佐々木氏の一流という。京に近い近江国黒田邑《くろだむら》の出身である。伝説によるとある日、大明神様《だいみようじんさま》のお告げにより先祖代々家伝であった目薬の処方箋《しよほうせん》が見つかる。名付けて「玲珠膏《れいしゆこう》」。これを売り歩いたところ大人気で、黒田家は一躍〝目薬長者〟に。ここからが黒田家の他家と目の付けどころが違うところ。

「重隆はこれを元手に金貸しを始めたんだな。当時の貸付利子《かしつけりし》は四割、五割が相場のところ、担保《たんぽ》なしの二割で貸したから、これが『黒田の二割米《にわりまい》』と言われて人気になった。貸したのは現金だけではない。健康な男子のいる家には、男子一人当たり米五石を同じく無利子で貸した」

返済は一応、年一石ずつの五年返し。遅れても催促《さいそく》なしである。ただし元金（元米）完済までは、黒田の郎党《ろうとう》として毎月二日間ずつ、労役に従事するのが条件だった。さらに事あるときは、別賃金で武器を持って戦う——という約束である。

さらに身体強健《しんたいきようけん》で侍志願の若者には、利息免除《りそくめんじよ》の特典も与えている。重隆の狙いは単なる金儲けではなかった。欲しかったのはお金より労働力であり、兵力だったのだ。

「いや、おじいさんだけじゃないんだ。官兵衛自身もなかなかのケチンボだった。家臣たちには、『屋敷には必ず梅の木を植えよ』と命令した。成った梅の実を梅干しにして保存しろというのだ。おかずに困らぬし、健康にもいいから一石二鳥だと……」

（そこまでやるか……）と海堂は思った。が、天海僧上はたたみかけてきた。

「どうじゃ海堂クン、キミにできるかな？　とにかくワシが言いたいのは、**金と権力は人間を変えてしまうということじゃ。とくにお金は危険物を取り扱う気持ちが必要。**自分の胸によく言い聞かせておくことじゃの」

そこがカン違い、野心と能力の見極め

「海堂クン、ところでキミは人生何のためにがん張ろうと思っているの？」

「鈍才さん」が質問した。

「そうですねえ。一言で答えるのであれば、『**自分の才能を世に問うため**』、自分が生

きた証《あかし》をこの世に残すことですかね。これしかありません」

「ウン。それはいい。力がある人間ほど魅力がある。器が大きい。そういう自分になりたいと思う心を忘れなければ、キミは間違いなく上に行けるだろう。しかし自分の器量が果たしてリーダー型か参謀型か、もっとわかりやすく言うと監督型かスター・プレイヤー型か、それを確認する作業が大事になる。そこをカン違いすると、とんだ悲劇になってしまうものだよ」

　監督は人心をつかめないと勤まらない。スター・プレイヤーは往々《おうおう》にして一匹狼だ。そこを「自分にはありあまるほどの能力があり、器量も大きいから人は黙ってついてくる」と過信すると、それはただの野心ギラギラでしかない、というわけなのだ。

「わかりました。**『オレは人脈が増えたゾ』と得意になってみても人望は増えていない。**つまりお金のつながりでしかなかった――というやつですね」

「そのとおり。ある程度グループができると、ついあぐらをかいてしまう人がいる。自分が偉くなったような錯覚を起こす。ついチヤホヤされてね。そこから攻めの動きをしない。守るばっかりで、そこから落ちていく人が結構多い」

つまりトップ・リーダーを目指すなら、一プレイヤーとして技を磨くのと同時に、監督としての力量を身につける努力をしなければならない——ということになる。

「キミは四国の〝鳴門《なると》の渦潮《うずしお》〟を見たことがあるかね？」

「あります」

「ならわかるだろう。トップ・リーダーはつねに渦《うず》の中心にいなければならない。自分から積極的に仕事をつくり、周囲の人たちが自然と協力してくれるような状態にしていかねばならない。ところが下手をすると他人が渦の中心にいて、自分はその回りをグルグル回るだけ、つまり協力させられるだけに終わってしまうことがある」

「渦の中心ですか」

「そう。自分が渦の中心にいて、周囲を巻き込んでいくような取り組み方をしなければリーダーではない。ビジネスでの成功もない。しかも自ら渦を起こせるような境地《きょうち》に入れば、仕事の成果は言うにおよばず、人生の成果も上げられる。仕事の歓《よろ》びも醍《だい》醐味《ごみ》も黙ってついてくる」

「なるほど、では逆に質問申し上げますが、〝リーダーの条件〟をたった一つだけ挙げよと問われたら先生、どう答えられますか？」

――と海堂は訊《き》いた。

「それは簡単だね。私ならまず〝情熱〟を挙げる。**リーダーはまず〝自ら燃え上がる〟人物でなければならない。情熱はものごとを成《な》していく基本だと私は思っているからね。さらに言えば、あり余ったエネルギーを他者に与えることができる人。**こういう人こそグループ全体に野火《のび》のように拡散《かくさん》する。逆に言えば、グループを見ればリーダーの姿がわかると言える」

「本当にリーダーの条件は厳しいですね」

「**大胆にして慎重、豪快《ごうかい》にして緻密《ちみつ》、**両方の資質を備えなければならないのだから確かに大変だ。しかし、それだけに得られるものも大きい」

「もしどちらかが足りなくても、すばらしい参謀を得れば解決しますか？」

「それはそうだ。参謀稼業《さんぼうかぎょう》もまた楽しいものだよ。あくまでも主役を立て、自分は脇役に回る。出世に仕えず、自分の戦略に仕える。カッコいいじゃないか。もちろんその仕事ぶりを見る人は見ている。十分評価されるよ」

「そこをカン違いして、**主役の器量でもないのに主役を張りたがると悲惨なことになる**と、そうおっしゃりたいのですね？」

「まさにそのとおり。キミは長足《ちょうそく》の進歩をしているよ、海堂クン」

「ありがとうございます。ところで鈍才さん。最後に一つだけおうかがいしたいのですが、信長、秀吉、家康、三将のリーダーシップについて、先生はどう思われていますか？」

「え？　歴史のことを私に訊《き》くの？　ま、いいでしょう。信長はまさにカリスマ・リーダー。部下は将棋の駒としか思っていない。信長社長が求める社員像は、感情を持ってはならない道具。その道具も多機能ほど使い勝手がいいから信長は重宝《ちょうほう》した。秀吉がそうだね。それもツーといえばカー。一を聞いて十を悟る人物が好きだった」

「秀吉は？」

「この人はフォローシップに優《すぐ》れた人物を重用した。信長に対する自分がそうだったからね。でも石田三成《いしだみつなり》を重用《ちょうよう》したことで豊臣恩顧《おんこ》の重臣たちが次々と離反し、結局は豊臣家崩壊を招いてしまった」

「家康は？」

「この人はバランス重視だ。城の縄張りや情報収集をさせたら特殊才能を発揮する藤《とう》堂高虎《どうたかとら》らの個性派、武闘派の井伊直政《いいなおまさ》や謀略《ぼうりゃく》を得意とする本多正純《ほんだまさずみ》、学者の林羅山《はやしらざん》や宗教家の金地院崇伝《こんちいんすうでん》、そして天海僧上などを巧みに組み合わせて活用した。だからこそ徳川幕府は二七〇年もの命脈《めいみゃく》を保てたわけだ」

「三人三様、キャラクターが違うんですね」

「だから歴史は面白い。リーダーのスタイルもさまざま。キミもキミ自身の生き方を確立すればいい……」

「僕もクローン人間は嫌いです！」

海堂はきっぱりと言った。

「失敗」したくなければ「失敗」に学ぶ

「鈍才さん、いわゆる〝成功法則本〟にはよく、『失敗を恐れるな』とか『成功者に学べ』と書いてありますね。お題目《だいもく》としてはそのとおりだと思うのですが、ちょっと抽象的ではないでしょうか？」

――海堂が口火《くちび》を切った。海堂の正直《しょうじき》な感想だ。というのも、海堂とてこの手の「成功法則本」にはよく目を通している。スローガンとしてはそのとおりだが、正直「具体性に欠ける」という思いがある。

「鈍才さん」も思いは同じだった。

「成功者に学ぶことは大事なことだ。すべて前向きに考えるという意味ではとても役に立つ。人のすることを見て学ぶというのは、学ぶ姿勢としてはもっとも有効な方法だから。でもビジネスは成功ばかりではない。その意味で失敗者に学ぶことはもっと大事なことだと私も思う。キミがビジネスの世界で伸びていこうと思うなら、うまくいっている人だけでなく、うまくいってない人にも目を向けるべきだろう。〝他山《たざん》の石《いし》〟という言葉もある」

「僕も反面教師《はんめんきょうし》という言葉が好きです。人間は失敗から学ぶほうが生きた勉強になると思うからです」

「正解だね。ただキミの場合、それがわかっていながら実行が伴《ともな》っていなかった、気持ちが先走っていたんだよ。よし、ここで私とキミの二人で確認しておこう」

——それはこういうことだ。

①世の中には、「あの人はうまくいってないのだから学ぶものは何もない」と無視する人がいるがそれは違う。他人の失敗くらい貴重なものはない。
②組織工学の世界では、「失敗の研究」（フェイリア・スタディ）という専門領域があるくらいで、失敗事例をケース・スタディしているくらいである。
③ビジネスで本当に成功したといえる人は、失敗からも多くのことを学んでいる。

「実は私自身もそうだったのだよ。世間の人は私のことを成功者として認めてくれているが、実際は失敗に継《つ》ぐ失敗、試行錯誤《しこうさくご》の連続だったのだから……」

功なり名を遂《と》げたはずの「鈍才さん」がしみじみ言うのを聞いて、海堂はビジネスの世界の本当の苦しさ、難しさの一端《いったん》が身にしみる思いがした。

「先生、先生が先人の失敗例から学んだことで、これはと思うことはありますか？」

と海堂は訊《き》いた。

「個々の事例はそれはいっぱいある。でもそれは一問一答でなければ具体的に語ることはできない。ただね、私が先人の失敗例から学んだ基本的な心構えとして、一つだけキミに伝授できることがある。それは**『六割勝利主義』**ということだ」

「エ？　三割主義じゃないんですか？　『結果三割主義』というのは聞いたことがありますが……」

「そういう説を唱える人もいるようだね。たぶんそれは野球からきているのだろう。野球の世界では、たとえプロといえども三割打てれば一流打者の折り紙をつけられる。三割打者は年俸もたくさんもらえるし、人からも称賛《しょうさん》を受ける。でもビジネスの世界では、打率三割ではどう見てもかったるいわナ」

「ビジネスの世界はプロ野球の世界よりもっとシビアだと？」

「そうさ。打率三割ではビジネスの世界ではすぐにライバルから寝首《ねくび》をかかれる」

「生き馬の目を抜く世界ということですね」

「ただ、気持ちをリラックスさせるという意味ではそれなりの効果はある。というのも人が新しいビジネスに取り組んだ場合、つい気負いが出て完璧主義を目指してしまう。課題、難題のすべてをクリアーできないと負けたような気がして、かえって自縄《じじょう》自縛《じばく》に陥《おちい》ってしまうのさ。一つでもはずすと気分が落ちこみ、『もうダメだ』とあきらめてしまう」

「はじめから十割を目指してしまうと、すべてOKでないと満足できなくなるわけですね」

「そう。たとえば営業で一〇人の客にアタックして、三人しかゲットできないともうそれでメゲてしまう。マイナス意識だね。逆にはじめから『三割でいい』と思っていれば、三人ゲットできた時点で余裕ができる。あとはダメ元……と思って再アタックしたら、さらに三人ゲットできる……」

「余裕が大事なんですね」

「そのとおり。張り切り過ぎて十割を目指す人は、その完璧主義が災《わざわ》いして結果的に挫折してしまうもの。それでも気力を振り絞って再トライするのだが、この**小挫折を**

何度か経験するとトライする気持ちさえ放棄してしまう。本当の挫折だよ。つまり完璧主義者は敗北主義になるという、逆説的な結果が生じてしまうのだ」

「それでは、先生のおっしゃる『六割勝利主義』なら理想的なのですね？」

「これは実は名将・武田信玄《たけだしんげん》の受け売りなんだけどね。信玄の領国経営《りょうこくけいえい》の真髄《しんずい》がこの『六割勝利主義』にあった。信玄は三八年間におよぶ戦場生活で不敗を誇っていた。その秘密がこの『六割勝利主義』さ」

――信玄の経営理念は、「戦の勝ちは五分いけばそれが最上。七分の勝ちは、評価すれば中程度。十分の完全勝利は下の下である」とした。

「はてさて、それはなぜ？」と尋ねる人に、信玄はこう答えたという。

「五分の勝ちなら、将兵は『次にはもっと勝てる』と励みを生じる。七分いけば、『勝った、勝った』と怠りが生まれる。それが十分勝ってしまうと、おごりたかぶる。油断《ゆだん》と隙《すき》だらけになって、次の戦に敗れる。完敗した敵は、恨みと復しゅうで一致団結してくるからな。ゆえに、六分の勝ちこそ最上なのじゃ」

――というわけで、宿敵《しゅくてき》・上杉謙信《うえすぎけんしん》との五度におよぶ川中島《かわなかじま》の戦いも、信玄にとっては勝ちに等しい。

「それは面白い話ですねぇ。とくに十割勝ちは敵に恨みを与えるという視点、さすが名将・信玄ですね」

「それはビジネスも同じだろ。商売敵《がたき》と争うことはあっても、トコトン痛めつけてはいけない。かえって恨みを買ってしまうからね」

「ということは、四割までは失敗してもいいということですね？」

「人間、何か新しいビジネスを始めようとすれば、必ず何度かは失敗する。最初からすべてうまくいく人なんていないんだ。要はその失敗からどれだけのことを学んでカムバックするかさ」

「『歴史作家』先生に教えていただいた僕の愛読書『サンクチュアリ』にもあります。『自分でダウンを認めない限り、人生のゲームに負けはない。これだけは覚えておくんだ。何回ダウンしても必ず立ち上がれ。君には、どんな失敗からも学ぶことのできる知性と、そこから立ち上がる勇気がある』――とね」

「いい言葉じゃないか。そのとおりだよ」

物真似からの脱却、独自性で勝負

「ただ、成功者から学ぶことも大事だということを忘れないで欲しい」

と「鈍才さん」は言った。

「あの坂本竜馬だって、勝海舟《かつかいしゅう》といういい先生に出会って人生変わったもの。だからいったん自分の好きな分野が見つかったら、その分野で活躍している人を探す。そして、できればその人について仕事のやり方を学ぶ。それが一番効率がいい」

「そういう人物にめぐり会いたい」

「本当に運のある人というのは、仕事の実績だけでなく人間的にも優《すぐ》れているものだ。周囲からの信頼も篤《あつ》い。つまりその人の高収入に釣られて人が集まってくるのではなく、人間的な魅力によって大勢の人が集まってくる。そういう人についていれば、学べる上にツキも回ってくる」

「そういう人を選んで、できるだけ一緒の時間を過ごすことですね」

「そう。そういう人と一緒に過ごしていると、いわゆる成功する空気、雰囲気というものもわかってくる。言葉遣《づか》いから立ち居振る舞い、笑顔のつくり方から会話術、息使いまで真似していると、キミの脳がその人と同じように機能するようになってくる」

「僕にもちょっとした体験があります。やっぱり成功者の重みというのでしょうか。たったひと言、『がんばれよ』って声を掛けてもらっただけなんだけど、同じ『がんばれ』でも重みが違うんですよ。それを聞かされたとき、『これはがんばらな』って」

「わかるね」

「同じ言葉でも誰に言われるかによって相手の取り方は違う。で、僕が次にどう思ったかというと、『**僕も他人に影響力を与えられる自分になりたい**』――と。『一本の電話、ちょっとしたひと言で他人のプラスになる自分になろう』――とね」

「その心掛けはとてもいいと思うよ。ただ、成功者に学ぶとき心しなければならないのは、『物真似からの脱却』ということだ」

「物真似からの脱却？」

「そう。成功者からいくらいいことを学んでも、それはしょせん真似ごとだからね。そのまま借用するのではキミの嫌いなクローン人間になってしまう。成功者から学んだことを下敷《したじ》きに新しいアイデアや工夫を加え、キミだけの独自性、オリジナリティを開発することが何よりも大事なことだ」

「ただし……」

と、「鈍才さん」は念を押した。

「最後はキミ自身の受け止め方しだいだよ。**いろいろな人がいろいろなアドバイスをくれるとき、それを聞き逃さないでキチンと受け止めること**」

「そう言えば、僕には恥ずかしい思い出があります。僕がスナックのバーテンダーとしてアルバイトをしていたときの話なんですが、お客さんとして来ていた、ある大手ゼネコンの役員さんが、『キミ、来年から社会人になるんか』と声を掛けてくれたんです。『まあ、酒の席だけど、キミにひと言だけ言葉をあげよう』と言うんですね。そのときのひと言が『キミが人よりも前に出たければ、人の三倍仕事しろよ』と……」

つまり、そのお客さんが言いたかったのは、「ちょっとがんばっただけでは変わらんぞ」という激励だった。「他人の三倍の仕事をして、やっと一歩前に出られるぞ」ということだ。

「でも、そのときの僕は生意気でした。（三倍の仕事なんてそんな……）って馬鹿にしていたんですよ。だってそのときの僕は、アルバイト先を三つ掛け持ちして月に五〇万円も稼いでいましたから……」

「若いときはそういうものだ。でもこれからは違うよ。キミが創造的な新しい航海に入っていくときは、キミ自身の羅針盤《らしんばん》を持つことが何より大事だということを、もう一度噛《か》みしめてもらいたいね」

目標設定なくして人生の設計図なし

「ところで海堂クン。キミは目標設定を行っているかね？」

「鈍才さん」の質問に海堂は思わずムッとした。

「そのくらいやってますよ。ホラ、見てください。僕のサラリーマン時代の携帯端末《けいたいたんまつ》です。行動計画でびっしり埋まっているでしょう？　三ヵ月先、いや半年先まで決定済みのものもあります。この携帯手帳は私のバイブルですよ。そして一度決めたことはきっちり守る。それが僕のポリシーです。この手帳がなかったら僕はお手上げです」

思わず海堂の口調《くちょう》がきつくなる。それだけ海堂の自信を示している。（やることはやっている）という自負なのだろう。

「いや、それは違うな」

「エッ？」

「キミの目標設定は、目先のことにすぎぬ。私が言っているのはもっと先の話、将来設計のことさ。もちろん今はまだ夢や願望の段階だけどな」

「将来の夢や願望なら僕だって持ってますよ。でっかい夢をね」

「じゃキミは、その夢を具体的に文字にしているかね？　キミの夢はまだキミの頭の中にあるだけじゃないのかい？」

「！」

なるほどそうだ。海堂は「成功したい」と思っている。いや、そう思い続けてきた。しかし、それは「鈍才さん」が指摘したように、自分の頭の中、胸の内での話だ。それを具体的に文字にしたことはない。

「先生、そのことをもっと詳しく教えてください」

「その前に、目標設定の必要性について基本を押さえておこう。むろんキミにはもう関係のない段階だが、話の都合上トレースしておきたい、つまらんだろうがちょっとガマンして聞いてもらいたい」

「鈍才さん」はそう前置きして、こんな話をしてくれた。まとめるとこういうことになる。

①人間、目標を持てば当然のことに、その達成のための手段や方法を編《あ》み出そうとする。目標を持たない人は、行き先を定めずに旅に出るようなもので、それは旅ではなく放浪するのと同じ。意義のあることを残すことはできない。

②人間はもともと目標志向型につくられている。目標が定まれば自然にその方向へと歩み出すものだ。その目標が明確に設定されなければ、どこへ向かって歩み出せばいいのかがわからない。つまり目標なしの人生は大いなるムダにすぎない。

③つまり強烈な成功願望を持ちながらも、目標設定のできない人はいたずらに毎日を過ごしているにすぎない。

「さて本題に入ろう。キミの質問に対する答えだが、かつてアメリカのエール大学でこんな調査が行われたことがある」

「鈍才さん」の話はこうだった。

同大学で、卒業生に向かって「**あなたは自分の具体的な人生目標を達成するために、そのプランを文字に書き表していますか**」と、**質問したという。この質問に対して、「イエス」を答えたのはたったの三％に過ぎなかった。**

そしてそれから二〇年後、この質問の回答者がどうなったか追跡調査《ついせきちょうさ》が行われた。

その結果、驚くべき事実が判明した。それは何だったか。**紙に書いたプランを「持っ**

ている」と答えた三％の人たちの年収合計が、残り九七％の人たちの年収合計を上回っていたのだ！

「このことから、紙に書き表すことの重要さを読み取るのは簡単なことだろう。でももっと注目しなければならないこと、それは**文字にしない目標（プラン）は『ないも同じ』ということが判明した**ことさ。そう、『自分の計画は頭の中に入っている』というキミの言葉はむなしい言葉なのだということだね」

宝くじだって買わなきゃ当たらない。自明《じめい》の理《り》だ。しかし、その自明のことがビジネスの世界ではつい忘れられがちになる。

「それからね。キミには二つの提案をしよう」

と「鈍才さん」は言った。

「目標を設定するときは、必ず金額を設定することだ。将来キミが得たいと思う金額だ。ただし、とても無理な設定はダメだ。**どんな目標も達成の可能性がなければならない。現状でとても到達不可能な目標を掲げることは、『目標設定』ではなく『無謀《むぼう》設定』になってしまう。でもこの『無謀設定』をしてしまう人が意外と多いんだよね。**

高い目標でもかまわないが、現状から見て全く不可能な目標を設定するのは目標設定とは言えないな」。

「じゃ、目標金額は小さいほうがいいと？」

「ところがそれが違うんだ。なぜなら、到達するゴール、すなわち目標によって動き方がまるで違ってくるからだ。『月に一〇〇万円稼ぎたい』というのであれば、その一〇〇万円を稼ぎ出すにはどういう動きをしたらよいか――がはじき出される。『月に五万円か一〇万円でよい』のなら、それに即した動き方がある」

「五万円、一〇万円から始めて徐々に収入を増やしていけば……」という考えでは、目標到達が難しい――というのである。それは覚える仕事内容も動き方も違うのだから当然。だから最初の目標が重要なのだ――ということだった。

確かに目標を上回る現実は起きない。むろん、月一〇〇万円を目標にした人が、はじめからその数字になるわけではない。五万円、一〇万円の収入しかない場合もある。しかしそれはプロセスでのこと。それに見合った動きをやめない限り、やがて目標の一〇〇万円へと到達することは間違いない。しかし「五万円、一〇万円でいいや」

という人がその範囲のやり方と動きで一〇〇万円へ行くことはない、と「鈍才さん」は言う。だからこそできるだけ自分の望みを大きく持つことが大事だ――と。

「ただし目標をつくったとしてもそれだけでは目標は達成できない。そのためには、**目標設定には必ず目標達成の期限を一つずつ区切ることが肝心だ**。つまり道筋を決めること。この時間設定の積み重ねがプランニング、青写真ということだね」

「自分は目標をつくってちゃんと行動しているのに到達できない」――と言って嘆く人がいるが、よく話を聞いてみると期限を設けていないことが多いという。どんなにささやかであれ、あるいは大きな目標であっても、「いつまでに達成する」という具体的な期限を設けることを忘れてはならない――ということだった。

「でも先生……」と海堂は反論した。

「達成不可能な目標は意味がないと先生はおっしゃいますが、僕が私淑《ししゅく》するある現役の経営者はこう言っています。『私は、新たなテーマを選ぶときはあえて自分の能力以上のものを選ぶ。いわば、今どうあがいてもできそうもないテーマを選び、未来の一点で完成するということを決めてしまうのだ』って」

「それはね、私に言わせてもらえれば、すでに功なり名をとげた人だからこそ言える発言だと思う。これからという発展途上人間にはやっぱりちょっと無理な話だと思うよ。ただ目標はいつでも軌道修正することができる。つまりキミ自身が**レベルアップしていけば、その過程でかつては〝能力以上〟と思われた目標が〝能力の範囲内〟になってくる**」

「レベルアップと言ってもちょっと抽象的なんですが……」

「ウン。確かにそうだ。レベルアップと言われてもやや抽象的な言葉で、実際に自分がどの程度レベルアップしたかわからないこともあると思う。そこで一つの目安を示しておこう。それは**今まで「仕事」と思っていたことが『作業』に思える**ようになったら、その人は一段レベルアップしている——ということだね」

たとえばたまに勉強する子は、鉛筆を削っていても勉強のうちに入る。それは勉強の準備だからだ。しかしよく勉強をする子にとっては、鉛筆を削る作業は勉強のうちには入らない。そうなったとき、それはもう作業化しているからである。

「現在やっている仕事も、自分のレベルが上がっていけば作業になってくる。やり続けているうちに仕事への感覚が変わってくる。慣れたことは、仕事というより作業に感じられてくるはずだ。

自分自身がそう感じるようになったら喜んでいい。そう感じられるのは自分が気づかないところで階段を一段昇って、それを見下ろすようになったからだからね。人間はこうして一歩一歩レベルアップの階段を昇っていくのだよ」

「では、そのレベルアップはどうやったら実現できるのでしょう？」

「それはまず慣れだ。その次に一番いい方法は、レベルの高い人と付き合うこと。**レベルの高い人と付き合う時間の長さ、機会の多さが、そのまま自己のレベルアップの指標になってくる**はずだ。また直接接する機会に恵まれなくても、『すごい人』と評判の人物の仕事のやり方や経験談を聞く機会はいくらでもある。そういう機会を逃さないようにして、自己のレベルアップにつなげていくことができると思うな」

――とにかく白い紙を一枚用意しなさい――と鈍才さんは言った。すべてはそこから始まる、と。そこにまず夢や願望を書き連ねる。とにかく書く。文字にすることで、自分でもはっきりしなかった論点が整理されてくる。アイデアが浮かんだら、すぐ文字にする。

次は、この夢や願望を時系列的に並べ換える。つまり今後一年間で達成したいこと、これは五年後に時間設定しておこう、このテーマは一〇年後までには絶対……と仕分けしていくのだ。

「外国のある成功法則本の著者は、これを『夢のリスト』とか『お楽しみリスト』と名付けていた。そのとおりだと思う。前出のエール大学の調査ではないが、それだけでキミたちは成功者三％の仲間入りができる。そして一つの目標が達成されたら、次の新しい目標をつくってチャレンジする。そういう過程を繰り返しながら、人間的にも大きな自分になっていく。私はそう思うよ」

——「鈍才さん」は静かに言った。

「学歴」より「学」がモノを言う

「ところで海堂クン。キミは前に、自分の学歴について語っていたな。なんでも無名の高校を出て大学も二流の卒業だと。それで商社マンになってから、学歴について疑問に思うことはなかったのかな？」

「いや、なかったと言えばウソになります。だから僕は逆にそれをバネにして生きることにしたんです。僕は行きたい高校に行けなかった。大学も僕が行きたい大学に行けなかった。今振り返ると、だからよかったと。あの高校じゃなくて、この高校に行ったから、今があるんだとか、あの大学にいったから、今の僕があるんだと。でも、落ちたそのときは、やっぱりショックだったんですけどね」

「気持ちにちょっとムリがあったかもしれないな」

「でもいわゆる『成功法則本』を読むと、世の中で成功する人、しない人の違いは、学歴や家柄、才能、運などといったものとは全く関係ない、と書いてあります」

「それはあくまでも一般論だ。宮仕えの世界では、とくに銀行とか鉄鋼などのお堅い業種ではやはり学歴や家柄がモノを言う。そこを避けたいのなら、自営するしかない。ただし自営業は、能力と運の占める割合が大きくなるけどね。いずれにしろ、**成功したいと思うなら学歴より『学』が勝負になる**」

「『学』というと？」と海堂は反問した。

「文字どおり雑学のことだよ。私だって大学は出ていない。しかし勉強はずいぶんした。とくに読書だ」

「僕だって、成功法則本ならかなり読みましたよ」

「それがいかん。キミはその成功法則本を読みすぎたことで、目先のことばかりに囚《とら》われてすぎた。私の言う雑学とは、もっとキミ自身の人間の幅を広げていくものだ。雑学こそ生命。奥深く幅広く。スポーツも芸能も、事件ものも政治・経済もなんでも。物事に広い視野で興味を持てば、それが一つの武器になる」

――具体的に言えば……と、「鈍才さん」は細かい解説を加えてくれた。

①自分の年齢如何《いかん》にかかわらず、どんな年齢の人とでもスムーズに会話ができるようになればいい＝そのためには幅広い話題と適切な敬語が必要になってくる。ところが最近の若い人たちは、自分の同年輩とばかり付き合うため、目上の人との付き合いがうまくできない。そこでしばらくは仕事はまったく教えないで、敬語の使い方ばか

り教えたこともある。

つまりマナーが重要だ。何もいつも敬語を使い、きちんとしたマナーを見せる必要はないが、しかしビジネスでは付き合う階層が幅広い。昨日は二〇代と付き合って、翌日六〇代の社長さんと会うことになるかも知れない。そのとき、しっかりした印象を与えるかどうかで結果は違ってくる。セールスの世界でライバルが争っているとき、バイヤーが意思決定する最大の要素は、接するセールスマン個人の印象が大きくモノを言うからだ。

つまり商品の性能や価格といった要素よりも、接しているセールスマンの人となりのほうが強力なインパクトになる。

②一般知識の拡大と情報収集〈政治、経済、行政の動向、国際関係、文化、社会の変化などに対して、最も新しい知識とそれに対する自分の意見を簡潔に整理しておくこと〉＝これは新聞、テレビ、雑誌から収集できる。

③専門知識の確保＝自分が関係する業界のことについては、当然スペシャリストでなければならない。とくに商品内容については、成分、特徴、注意事項など詳しく知

っておく。さらにできれば競合《きょうごう》他社の製品についても同様の知識を得ておきたい。そうすれば、他社製品と自社製品の差別化について明確に答えられる。

　そのためには、業界誌、経済専門誌を読むことも大事だが、ときには専門のセミナーや講演会などに参加するのもいいことだ。また他業種の企業人ともできるだけたくさん会って話を聞くこと。ただしその際、ただ漫然《まんぜん》と会話を交《かわ》していても意味はない。そういう会話を通じて、他人の営業姿勢や営業センスの秘密をいただくことを心掛けよう。

④教養的趣味はあるほどいい＝たかが教養と言うなかれ。語学でも歴史でも、音楽でも絵画でも、他人よりちょっと上の技能を身につけるということは、営業上でも大きなメリットになる。華道、書道、茶道なども大いに結構。

⑤意外と大きい〝遊び〟の効用＝麻雀も強いのに越したことはない。接待麻雀でうまく負けるのも技術のうちという。また競馬の予想に強いというのも、得意先でモテモテになる。

　碁・将棋の世界も同じこと。碁がたき将棋がたきというのは、意外と強い人間関係をつくることができる。ただし強すぎてはダメ。また歌がうまければ、得意先からもひっぱりだこだし、パーティーでピアノの一曲も弾ければ拍手大喝采間違いなし。まさに〝芸は身を助ける〟ということになる。

また、カラオケは演歌よりも、たとえばカンツォーネなど唸《うな》ることができれば、異色才能として大ウケすること間違いなしだ。

さらに言えば、手相や占いも趣味のうちに入る。（どうせ当たらない）とは思っても、誰もが興味を持つテーマだし、「占ってあげる」と言って「イヤだ」と拒否する人はそういない。西洋占星術やタロット占いのテクニックもいい。手相ならこれはと思った彼女の手も抵抗なく握れるというものだ。

⑥自分の今の仕事に直接関係はなくても、さまざまな国家資格にチャレンジして特殊技能を身につけよう＝こうした資格、免許、特殊技能を身につけるためには、それ相応の日ごろの努力が必要になる。その〝やる気〟が人を惹《ひ》きつける。

⑦食べ歩きの知識も役に立つ＝うまいラーメンの店、イタメシ、フレンチ、和食……etc。

「さらに決定的なことを教えてあげよう」と「鈍才さん」は言った。

「それは古典文化についての知識だ。とくに外国人相手のビジネスでは大きな成果を得られる。海堂クン、キミは歌舞伎のことをどのくらい知っている？　茶の湯の歴史や作法について、外国人に説明できるくらいの知識を持っているかい？」

これは、海堂にとってもっとも弱い部分だ。

「ちょっと要求が大きすぎたかもしれないな。でもここまできついことを言うのもキミのためだ。私はね、**これからの時代っていうのは、〝仕事ができる人〟の時代ではなくて〝仕事をつくれる人〟の時代だと思う**よ。たとえば、東大に行って、今、人生で成功している人は少ない。なぜかというと、東大に行っても管理の仕方、お金の計算しか教えないからだよ。クリエーティブを教えない。だから、正直言って今、東大を卒業した人よりも、日大を卒業した人のほうが人生で成功していると言える」

「ということは、僕にもまだまだ第二の人生があるということですね？」

「そのとおり。何度も言うが、学歴がよくないと〝できる人財〟は少ない。しかし学歴がいいからといって〝できる人財〟とは限らない――ということだ。その学歴を補ってくれるもっとも近道が読書というわけさ。私もそうしてきた。

ボクは学校は嫌いだったけど、本を読み続けたよ。だから自分の生き方をある程度見つけられたと思う。悩み続けたけれど、本に教わり、人に教わり、自分で考えてきたんだ。

学校も大切だと思うけどね。しかし学校の勉強は、人生の勉強の基礎でありほんの一部。結局は自分で学び続けるしかない。だから本を読む。本を読む人と読まない人の差は、あまり意識していないけど、実は大きい。それは、歴史を学べば明らか。人の一生をよーく見ていればわかる」

「鈍才さん」は若い頃はとても口べただったという。訛《なま》りもあって、人前で話すことが苦手だった。しかし、人に自分の気持ちをうまく伝えることに関しては、自信があった。直接会って話ができれば、自分をうまく伝えきると思っていた。また、**手紙に書けば、心を込めて自分の気持ちを文字に乗せて相手に伝えられる**と信じてきた――という。

「鈍才さん」はなぜ、そう思ったのか。その自信は読書だった――と彼は言う。

「私は学生のころから、自分の思いや考えを練《ね》るために一生懸命に本を読んできた。もちろん、おもしろくって読んだということもある。ただ、それとともに自分の心を知ったり、いろんな人間の心を知ったり、人間の歴史を知ったりしたくて、読み続けたのだよ」

「それとね、本を読むときにはコツがある。それは、**その本の著者とつねに会話しながら読むことだ。すでに亡くなってしまった人でも、本の中では会話ができる**」

――このように、自分の気持ちを相手に伝え、そして相手の心をうまくつかむためには、①**本を読みつづけることと、**②**自分の心を高めていこうと心がけること**が大切だと「鈍才さん」は言う。

「読書はね、一日たった三〇分でいいんだよ。それだけでもキミの人生は劇的に変わる。読書は人が成長し続けるための条件であり、技術なんだ、つまり読書の技術は、人間関係をよくする技術に直結する」

――では、どんな本を読んだらいいのか？「鈍才さん」は言った。

「とにかく本はたくさん買う。その中で読み始めて面白くないと思った本は放り投げていい。その中から繰り返し読みたい本を見つけられたら最高。そういう本には、読むたびに新しい発見がある。自分も信頼できるようになる。何度も読む本というのは、〝精神のごちそう〟のようなものだ」

――「しかし……」と「鈍才さん」は言った。

「知識はもちろんないよりあったほうがいい。でも、**知識よりも意識が先に問われる**、意識がない人にいくら知識を教えても頭でっかちで終わるだけだもの。ただラッキーで、能力がなくてもセンスがなくても収入が入る場合がある。でもそれではその人が駄目になる。宝くじが当たった人の七割が人生を駄目にするのと同じことさ」

「なおになおなお」――自己反省が決め手

「鈍才さんって、もしかしてあの〝経営の神様〟って言われた人？」

と海堂が切り込んだ。

「違う。何度も言うように、私はただの鈍才だ。ただ、一つのことにしがみついただけ。決してあきらめなかったのが唯一の自慢と言うかな」

「鈍才さん」はあくまでクールだった。

「でもあなたは成功した。その成功の秘訣は？」

「私の成功の秘訣？　それは単純明解、イソップ物語だよ」

「イソップ物語？」

「そう。兎《うさぎ》とカメの物語さ。これまでビジネスの世界で成功してきた人はたくさんいるが、特別なことをしていた人は誰もいない。**成功した人ほど特別な能力は持ち合わせていなかった**ということだ」

「そんな！　成功した人に能力がないなんて……」

「本当だよ。**成功していない人ほど能力がある。能力があるのに成功しないその理由は、能力があるからこそがん張らないからだ**よ。つまり、やればいつでもできると思うからこそ、イソップ物語の兎《うさぎ》になってしまう。逆に能力のない人は、今をがん張るしかない！」

――なるほど、兎は走り出せばいつでもカメを追い抜くことができる。その自信があるからちょっと走ってはすぐ休憩する。ところがカメは愚直にゴールを目指し、最後まで走り続ける。

「海堂クン。〝ちょっと〟という言葉を漢字で書くとどうなる?」

「こんどは漢字教室ですか。それは〝一寸〟でしょう」

「そう。人々が日々一寸ずつ前進すると『得』という字になる。漢字はよくできているな。つまりは熱意の持続。土俵ぎわでの踏んばり、忍耐力が勝負になる」

――「鈍才さん」は言う。「才能とはあくまで後天的なものであり、忍耐力や土俵ぎわでの踏んばりも才能のうち」――と。そう、**「当たり前のことを当たり前にやること」**だと。

ところがなまじ自分に能力があると過信していると、その当たり前のことがなかなかできない。なぜできないかと言うと、「今自分ががん張らないと競争には絶対勝てない」と自分を追い込み、自分にプレッシャーをかけることができないからだ。(やらねば……)と頭ではわかっていても、ちょっとうまく行くとすぐホッとして休憩してしまう人がいかに多いことか。

「キミが私淑《ししゅく》するある有名な経営者も、すばらしいことをおっしゃっている。知っているかい？」

「いいえ」

「それじゃせっかくだからここに列挙しておこう。その意味をよく噛《か》みしめることだね」

そう言って「鈍才さん」が示してくれたのは、次の三項目だった。

①成功には、近道や魔法の絨毯《じゅうたん》は存在しない。自分の足で一歩ずつ歩んでいかなければならない。その一歩一歩がいつか信じられない高みにまで、私たちを運んでくれる。これが、夢の実現に至る、唯一確実な方法なのだ。

②長い人生の旅路では、失望や、困難、試練の時が何度もある。しかし、自分の夢の実現をめざし、すべての力を奮い起こして誠実に努力する。天は誠実な努力とひたむきな決意を決して無視はしない。すなわち情熱を持ち続け、真面目に地道な努力を

続ける、このいかにも愚直《ぐちょく》な方法が、実は成功をもたらす王道なのである。

③能力とは、頭脳のみならず健康や運動神経も含むが、多分に先天的なものだ。しかし、熱意は、自分の意志で決められる。この能力と熱意はそれぞれ〇点から一〇〇点まであり、それが積でかかる。自分の能力を鼻にかけ努力を怠《おこた》った人よりも、自分には頭抜けた能力がないと思って誰よりも情熱を燃やして努力した人のほうが、はるかに素晴らしい結果を残すことができる。

「どうだろう、おわかりいただけたかな？」

「よくわかりました」

「それでは、私の座右の銘でもある『五つの訓言《くんげん》』をキミに伝授しよう。私はこの訓言を、手帳に書きつけていつも持って歩いていたんだ。そして何かあったとき、これを読む」

――その『五つの訓言《くんげん》』とはこうだった。

①「二つに一つの選択で迷ったときは、ラクでカッコいい道ではなく、自分にとってイヤでみじめな道を選べ」＝カッコ悪いほうを選べる自分があるか。ほとんどの人が、ラクなほうを選ぶ。しかし、しんどいほうを選んだほうが人生の成功への近道である。

②「人生、何回気付くか」＝「なるほどそうか！」と**気付く回数が多ければ多いほど、その人物の器を成長させる。**「なるほどそうか」と思えるということは、自分が物事の本質に少しずつ近づくこと。つまり発想の転換に通じるということだ。

――「ちょっと前、『チーズはどこへ消えた？』という本が話題になったことがあるだろう。あれだよ。『まだ新しいチーズがみつかっていなくても、そのチーズを楽しんでいる自分を想像すればそれが実現する。でも従来どおりの考え方をしていては、新しいチーズはみつからない。逆に古いチーズに早く見切りをつければ、それだけ早く新しいチーズがみつかる。早い時期に小さな変化に気づけば、やがて訪れる大きな変化にうまく適応できる』というアレだ」

「なるほどそうか」と、海堂は思う。目からウロコの状態だ。そして『五つの訓言』

はさらに続いた。

③「〝見る〟でなく〝観る〟、〝聞く〟でなく〝聴く〟」＝見る、聞くというのは、漫然とした状態でしかない。たとえば牛を見る。その直後、「牛の角《つの》と耳はどちらが前側にありましたか？」と質問されたとする。たいていの人は答えられない。「エッ？」となる。

質問されてはじめて意識して〝観る〟（観察する）と、角が先にあることがわかる。聞くのも同じで、漫然《まんぜん》と聞き流していると物事の真実を見失う。意識して〝聴く〟ことが必要だ。

――「海堂クン。耳と目と心にプラス思考を足すとどうなる？『聴』という字になるんだよ」

（！）――海堂はまた一本取られた心境である。

④「自分の思ったとおりにいっていないときこそ、〝自分の真価が問われている〟と自分に言い聞かせることができるか」＝ほとんどの人は、うまくいかないとすぐ他人のせい、周囲のせいにするからだ。

――「これからの新しい時代は、すべて自己責任なんだということだな」

⑤「今いる自分の位置がどうなっているかを、冷静に判断できるか」＝今よりよくなりたい、今いる位置よりも一つでも上に行くことをいつも考えること。

そして「鈍才さん」はこう締めくくった。

「成功したい、お金が欲しいというのはいい。ただ**問題はやっぱりバランスだよ。経済、健康、対人関係、そして最終的には人格。そういったものをバランスよく伸ばしていかない限り、最終的に人生の成功はない**と私は思う。忙しい毎日を送っていると、私たちはつい自分を見失いがちになるだろう。そうならないためには、意識して反省する習慣を身につけなければならない。ＩＴバブルなど、目先の仕事で勝っても人生で負ける人が多いのはそこに差がある。自己反省によって自分の欠点を直し、人格を高めることができるというものだ」

――話はなんだか説教めいてきた。でもそれが「鈍才さん」の口から語られると、海堂もつい納得してしまうのであった。

「そして最後に……」と「鈍才さん」は言った。

「人間性の究極の決め手は、他人に対する思いやり、感謝と尊敬だ。リーダーはつねに謙虚でなければならない。多くの事業家は、一時的な成功でつい自分の才覚と能力に溺《おぼ》れがちになるが、それでは成功は長続きしない。大昔から〝商いの極意はお客様からの信用にあり〟と言われているが、**信用は当たり前、その上に『徳』が備わればいうことはない」**

海堂は思い出していた。海堂の知人に書道の達人がいて、その人が「ファンである」という、あの「相田《あいだ》みつをさん」の話をしてくれた。その中にこんな一節があった。「人はよく、『あんなにしてやったのに』と言う。でも〝のに〟がつくとぐちが出る」――と。

「それもいい言葉だ。でも私はキミに、奈良・薬師寺の高田好胤《たかだこういん》管長がおっしゃったという、『なおになおなお』という言葉を差し上げたい。これは人間どんなに修業して名人、上手になったとしても、なお上には上がある。人の精進には限りがない――ということをおっしゃっている。私は大好きだ」

第2ステップの教えの実践

海堂が始めたニュー・ビジネスは、たちまち軌道に乗った。いや、うまく行き過ぎたと言ってよい。おかげで、「志」で結ばれたはずの仲間うちで、利益の配分や財政運営をめぐって対立が起きた。

それは、海堂がリーダーの座を降りれば済むという次元の話ではなかった。空中分解の危機だ。

海堂は、自分なりに反省点を挙げてみた。

①人使い、人財の育て方に間違いはなかったか？
②ニュー・リーダーとチヤホヤされて、慢心が生じていなかったか？
③せっかくの情熱が、一人よがりで空回りしていなかったか？
④将来設計へ向けて、目標設定があいまいではなかったか？
⑤そして、利益として上げたお金の使い方に問題はなかったか？

まず人使い、人財の育て方である。自分では天海僧上や「歴史作家」先生の教えを忠実に守っていたつもりでも、結局は実践していなかったのだ。師匠たちの話をしっかり聞いていなかった証拠になる。なんのことはない、海堂自身が「鈍才さん」の言う〝類友の法則〟の罠にはまっていたのである。

第二に、新しい仕事があまりにもうまく運んだことで、海堂の内面に知らず知らずのうちに慢心、いや過信が生じていたことは否《いな》めなかった。「オレには能力がある、人脈も増えている」――と。

第三に、情熱は十分すぎるほどあると自信を持っていたが、それがかえってグループ内で浮き上がってしまったかもしれない。渦潮《うずしお》の中心になるどころか、渦を起こすことさえできなかったのだろう。

――「これは大変だ！」海堂は猛反省した。自分の勉強は、しょせん付《つ》け焼刃《やきば》〟にすぎなかったのだ。もう一度心を無にして、師匠たちの言葉に耳を傾けなければならない！

海堂にとってもっとも勉強になったのは、具体的な目標設定マニュアルであった。

そしてさらに、「お金の使い方」だ。

海堂はさっそくスタッフを集め、トコトン話し合うことにした。まず〝リーダーの条件〟を突き詰めて討論し、その結果、海堂が引き続きリーダーを続けることが決まった。

そこで海堂は、具体的な目標をみんなの前に提示した。

「一年後には年商一億円、三年後には年商五億円、そして一〇年後には年商三〇億円……」

単なる夢ではない、日限《にちげん》と金額を明確にしたのである。スタッフの士気がさらに上がったことを確信した。

難問はお金の配分だ。「地獄の沙汰も金しだい」と言うが、以前の海堂はとりあえず「仲間の取り分」を高目に設定していた。それによって「スタッフのモチベーションが上がる」と信じていたからだ。それに対して仲間うちからは、「志実現のためにはもっと内部留保を大きくすべきだ」と異論が出たのだ。

しかし、問題は間もなく解決した。「鈍才さん」の言う、「お金には稼ぎ方、増やし方、守り方、分かち合い方、そして使い方の五つが必要である」——ことを学んだからである。

海堂は仲間のみんなに「すべてにバランスある経営」を誓った。そして自らには、さらなる精進《しょうじん》と〝**感謝の心**〟を……。

第3ステップ「演出」

講師　雑学博士
鈍才《どんさい》さん
文章の達人

〈第3ステップの主な内容〉

「成功」とはお金を残すことか名を残すことか――。難しい命題ではあるが、そのどちらをもクリアーすることはできる。

しかしそのためには、「記録より記憶」の演出ぶりもまた大きな意義を持つ。「夢叶塾《むきょうじゅく》」の講師は、その重要性を心熱く説く。

「演出」とはすなわち、自己表現であり、個性づくりである。ファッションに、言葉に、視覚と聴覚をフル動員したインパクトづくりが大切なのである。そして他人《ひと》に対するささやかな心遣いが相手を感動させ、応援してくれる。とくに女性仲間の活用度は成功のカギを握るだろう。海堂はここで、プレゼント作戦から効果的な手紙の書き方まで伝授されることになる。

あなたは見られている――自己表現の必要性

「人間関係は出会いの演出で決まる」――とよく言われる。そのとおりだと海堂は思う。人間の第一印象はかなり重要だ。というのも、ビジネスの世界における成功は人との出会い、人間関係によって大きく左右されることを海堂は学んだからだ。

第1ステップで「ウマが合う」という話を聞いた。初めて会っただけでお互いに友だちになり、あるいは本当に心が通じ合うような出会いは、第一印象がよかったからにほかならない。男女の仲では〝ひと目惚れ〟とも言う。

これはきっと、心の奥の潜在的な意識とか自分の魂に近いところからの反応、つまり共鳴作用ではないか？　と言うことは、逆に考えると第一印象で相手が自分に心を通《かよ》わせてくれる関係になれたら、これに優《まさ》るものはない。お互い、相手について（この人間は本当はどんな人物か？）とあれこれ心の中で詮索《せんさく》したり、評価を下す必要がないからだ。

つまり第一印象とは、まず「自分」という存在に興味を持ってもらう最初の小道具（ツール）になる。「一期一会」の出会いには、学歴も社会的地位も関係がない。「そのうちわかってもらえる時がくるさ」などと悠長なことを言ってはいられない。**第一印象でその人物の評価が定まってしまえば、これをひっくり返すには相当の時間が必要になる。**

では、相手の心をつかむために、第一印象をよくするためには具体的にどうしたらいいのか？　自問する海堂に、そのとき新しい声が聞こえてきた。

「それについては私がお答えしましょう。おっとこれは失礼！　私は『歴史作家』先生の友人で、自称『雑学博士』と言います」

「初めまして。よろしくお願いします」

「こちらこそ。であなたの質問への答えですが、まずはイメージづくりが必要でしょう。つまり演出です」

「演出？」

「そう。まず明るくさわやかな笑顔を心掛ける。間違ってもこの世の終わりのような暗い表情や雰囲気を出さないこと。まず鏡の前に立ち、自分が一生で最高に表現できる笑顔を映し出してみる。あなた、今、自分の心の中で、〝そんな見えすいたこと、そこまででしなくても……〟と思っていません？」

海堂はドギマギした。そのとおりだったからだ。心の中を見透かされたようでびっくりしたのだ。

「でもね、**馬鹿らしいと思うことでも実行することが大事なのです。今やらないことは一生かかってもやらない**。それが人の常。いい笑顔ができるようになったら、次は仕草《しぐさ》も工夫するといいでしょう。あなたが今すぐやるべきことは、無用な恥じらいやてらいを捨てることです。あの長嶋茂雄さんがいい例ですよ」

「長嶋って、あのミスター・プロ野球の？」

「そうです。あの長嶋さんが〝記録より記憶に残る〟大スターになったのは、いつも球場ロッカーの大鏡の前で派手なゼスチャーを研究していたからです。つまりイメージづくりに成功したのです」

「でもあの人は目立ちたがり屋だから……」

「その考え方がいけません。それがあなたのてらいです。というのもね、私たち人間には、**『自分の知っている自分』**と**『自分の知らない自分』**がある。**『自分の知らない自分』には、さらに『自分は知らないけど他人は知っている自分』**と、**『自分も知らず他人も知らない自分』がある**」

「雑学博士」の言い分はこうだった。

ほとんどの人は、「自分が知っている自分」の範囲内でしか仕事をしていない。これでは、たとえうまくいっても小さくまとまるだけ。大きな仕事には発展していかない——と言うのである。それでは、「オレはこういう人間なんだ」というレッテルを自らに貼ってしまうからだ——と。

もちろん、「自分も知らず他人も知らない自分」の部分で仕事ができればこれは最高だ。なぜなら、これはたぶんにその人の「潜在能力」にかかわっているからだ。これはふつうある特別な状況設定の中で突然発揮される。〝火事場の馬鹿力〟とも言う。

だからこれはちょっと例外として、まずは自分が知らなくて他人が知っている部分、つまり**他人が自分をどう見ているかを意識するべきだ**——ということになる。見られている自分像がわかれば、仕事はもっとやりやすくなる。さらに上級になると、自分はどう見られたほうが仕事がしやすいか、を判断し、それに応じて動くことができる。この人に対しては、相手がこう見ているからこそこう演じよう——という配慮だ。

これこそいい意味での自己演出であり、自己表現である。そしてこの自己表現法が身についてしまえば、**たとえ他人が見ていないところでも、自分の姿を美しく保つことができる。人が見ていないところでの姿、生き様こそ大事**なのだから。

「と言って、私の言う自己表現、自己演出とは、決して人間性を偽《いつわ》ることではありません。人間性はいくら隠してもちょっと付き合えばすぐ馬脚《ばきゃく》が現れる。詐欺師にだまされるのは、自分にも儲け心があるから。とりあえず相手の身分や肩書、財布の中身しだいで態度をコロッと変えるような人間とは付き合わないことです」

「雑学博士」の言うことは、一々海堂の腑《ふ》に落ちる。

「だから服装だってイメージづくりの大事な要素です。決していい加減にしてはいけません。人格を理解してもらうには時間がかかるけれど、見た目はすぐわかる。〝馬《ま》子《ご》にも衣装《いしょう》〟というくらいですからね」

そう言って「雑学博士」は海堂の服装を見ながらニヤリと笑った。

「あなたは自分のファッションにはトンとこだわらないほうでしたね。でもそのドブネズミ・ルックはいただけませんね。もっと色を使って下さいよ。ただし、自分が好きな色が必ずしも他人から見て似合う色とは限りません。さらにギンギラの成金趣味もいただけない。世の中には、ちょっとお金ができると頭のてっぺんから足のつま先まで世界の有名ブランドで固めるという御仁《ごじん》がいますが、それはとうていダンディズムとは言えません。黄金の茶室を作った秀吉なみです」

――お好みは金襴錦紗《きんらんきんしゃ》に唐錦《からにしき》……。千成瓢簞《せんなりびょうたん》も金箔《きんぱく》という秀吉流は、今でいう総身有名ブランド好みということになるのだろう。

「それでは戦国武将もさぞかし派手な格好をしていたのでしょうね？　これはぜひ天海僧上におうかがいしてみたい」

「おう、ようやく私を呼んでくれたか」

僧上は久々の出番にことのほか上機嫌だった。

「それはもうすごかったな。派手さで言えば婆沙羅《ばさら》大名に始まって黄金のクルス（十字架）や聖ヤコブの像を描いた長旗をなびかせる切支丹《きりしたん》大名、真田の赤備《あかそな》え、〝伊達《だて》男《おとこ》〟の語源になった仙台武士……」

「その婆沙羅というのは何ですか？」

「室町末期、足利幕府が崩壊しかけた頃の〝下克上《げこくじょう》〟を象徴するファッションのことだ。〝婆沙羅〟というのは、仏教のサンスクリット語で宝石、黄金といった意味がある。当時は南北朝の乱、応仁の乱と戦乱が打ち続き、すさんだ世相じゃった。仏教の末世《まっせ》思想《しそう》もあり、あすは政敵に敗れて死んでいるかもしれないというので、やや自暴自棄の風潮があった」

「伊達男というのは？」

「伊達者の元祖、奥州・伊達《だて》藩主《はんしゅ》政宗《まさむね》殿は奇をてらうのがお好きな人物じゃった。秀吉公の前に白無垢《しろむく》の死に装束《しょうぞく》で現れたり、京都入城では東北の田舎者と馬鹿にされないために金キラキンの装束で登場した。マルコ・ポーロもびっくり、平泉藤原氏の黄金文化を見せつけたわけだ」

「では真田の赤備えというのは？」

「大阪冬の陣では、大阪城出丸《でまる》（真田丸）にはためく幟《のぼり》、指物、具足、兜《かぶと》、武者母衣《ほろ》すべて赤一色に保ち、遠くからそれはまるで真っ赤に咲き誇るつつじの庭園の如くに見えたという。

しかしな。彼ら一党がなぜ後世に名を残し、記憶に残る人物となったのかは、彼らの背後に〝独立独歩〟の心掛けと、わが信じる道を往く〝義〟を感じるからじゃ。それが人々を感動させ、拍手喝采させたのよ」

――自己表現とはかくも大事なものか、と海堂はつくづく思うのだった。

リンカーンを〝記憶〟に残したあのひと言

「人民の、人民による、人民のための政治……」

アメリカ合衆国第一六代大統領エイブラハム・リンカーンは、この一句で歴史上もっとも〝記憶に残る〟人物となった。

若き日のリンカーンは、高卒で刻苦《こっく》勉強して弁護士になったが、名門大学法学部出身のエリート弁護士仲間からは〝ケンタッキーの田舎者〟〝腕の長いゴリラ〟などと嘲笑《ちょうしょう》された。リンカーンがやせて風采《ふうさい》が上がらない上に、相当に毛深かったからである。黒人奴隷解放の旗手《きしゅ》として登場したが、はじめのうち国民の期待は大したことはなかった。

あの有名な一句が誕生したのは、一八六三年一一月九日、南北戦争の激戦地ゲティスバーグでの記念除幕式での出来事だった。この式典では、二人の演説が予定されていた。一人は国務卿《こくむきょう》エドワード・エベレット、そしてもう一人がリンカーンである。エベレットは、名代《なだい》の雄弁家として自他ともに認める存在だった。当然、エベレットはこの日も大張り切りで、二時間にわたる長広告を振るった。続いて登壇《とうだん》したリンカーンは、もちろん演説の草稿《そうこう》を用意していた。しかしエベレットの長い演説に聴衆がすでに飽き飽きしていることを見てとるや、たった五分で演説を終了した。しかし、その一節が聴衆を熱狂させたのである。まさに〝**言葉の魔術**〟であった。

言葉（話術）の大事さは、このとおり言うまでもない。日本の歴史上でも、寸鉄《すんてつ》人を刺す名タンカで周囲を圧倒した例がある。あの独眼竜《どくがんりゅう》・伊達政宗《だてまさむね》である。あるとき、政宗は幕府から重大な監察《かんさつ》の任務を命じられた。大抜擢人事《だいばってきじんじ》だった。当然、譜代の老臣たちがやっかみ半分で野次《やじ》を飛ばす。

「監察と言っても、しょせん片目では何かと目が届くまいて」

と、そのとき政宗少しもひるまず、「一目瞭然！」とやり返した。この当意即妙《とういそくみょう》な切り返しに、野次を放った大名は面目《めんもく》を失ったのだ。

そう言えばルビコン川を渡るときのジュリアス・シーザーのひと言、「サイは投げられた！」も、なかなかに大衆心理を衝いていた。「剣は肉を切り、言葉は心を刺す」というが、本当に一言半句が人の活殺を決することがある。

話術といえば、江戸名物〝テキ屋〟は話術の達人と言える。いわゆる露天商である。その巧妙な話術が人々を乗せ、その心理を誘導して、とりあえず〝要らない物〟でも買わせてしまう。いわゆる〝タンカバイ〟で、バナナの叩き売りやガマの油売りはその典型だ。あの我らが寅さんこと車寅次郎もタンカバイの名手という設定だ。

「なぜ言葉には威力が必要か。それは人の情感を揺さぶり、人の心を動かすからだよ」と「鈍才さん」は言った。

「言葉で相手に思いを伝えることは、人間関係をつくる第一歩だ。しかし、気を付けなければいけないことがいくつかある。他人の会話を聞いていて『まずいな』と思うことがある。これでは人間関係がかえってうまくいかなくなる、相手の心をつかむどころかだんだん離れていってしまうな、というのがわかる」

「鈍才さん」はそう前置きして、その要点をこうまとめてくれた。

①自慢話には気をつけよう＝これはいつも警戒を要する。人はみな自己愛の動物だし、相手が聞いてくれるとなると、またちょっとホメられるとすぐ油断してしまい、自慢話が出始める。出始めたら、すぐ「あっ、いけない。この辺でやめておこう」と自分を戒《いまし》めるようにしよう。

——たとえばこういう話がある。「釣り具屋の営業マンに、釣り天狗は採用するな」——と。ちょっと不思議に思う。だって本人が釣りマニアだったら、釣りに関する知識が豊富だから顧客に対しても説得力があると、そう考えるのがふつうだ。

ところが釣り天狗というものは、「自分だけは釣りの天才」……と思いこんでいる。

つまりいくらセーブしようと思っても、つい顧客の前で自慢してしまう。顧客によっては「気分がよくない」と言い出す人が出て当然だ。そこに陥し穴がある、というわけだ。

②相手の発言を頭から否定しない＝会話で気をつけなくてはいけないのは、相手の言葉を少しでもバカにしたような態度、コメントを出さないこと。プライドを傷つけられることは、人間にとって生涯忘れられない出来事となる。相手の言うことがたとえば間違っていると思ったら、相手に敬意を払いつつ「こう考える私は間違っていますか？」と素直に尋ねることが理想だ。

③議論は勝ってもシコリが残る＝論争は基本的に絶対ダメ。「自分の意見だけが正しい」と思うから議論になる。でも世の中の出来事には、答えは何万通りとあるし、価値観や好みも人それぞれ違う。そのうちたった二つの意見をめぐって争うなんて、小さい、小さい。

とにかく自分の判断にこだわりすぎないこと、意地になりすぎないことが大事。人は、自分の決定できる範囲が小さい人ほど、そのことに固執《こしつ》しがちになる。そこに自分の存在感を出したくなる。これも自慢話と同じで、相手に嫌がられ、逃げ出される。当然好感はもたれない。

とくに日本人の場合はそうだ。欧米人のようにディベートの習慣がないから、どうしても後遺症が残ってしまう。まあ、世の中にはどんなことでも「負けるのはイヤ」というタイプの人がいるものだけれど……。それから、相手の誤りを偉そうに指摘するのも考えものだ。相手のメンツを失わせる。

自分の思考を論理的にしておくことは大切なことだ。自分の人生の判断や仕事の判断、人の判断でも重要になる。しかしその論理を他人にぶつけるとたいへんなことになる。人は感情の衣《ころも》を着た動物と言われているほどのものだからだ。

いずれにしても、論争で勝ち負けがつくことはない。〝負けるが勝ち〟だ。あの相田みつをさんも言っている「他人の物指し自分のものさし、それぞれ寸法がちがうんだな」――と。

④「BUT」から「なるほど」へ。否定から肯定への切り換えが大事＝人は無意識に「BUT＝しかし」と言いたがる。「しかし」を連発すると、友人は一人もいなく

なる。いや、いなくなったことにさえ気がつかない。「しかし」を「なるほど」に変えるだけで、友だちはどんどん増える。

⑤相手に「イエス」と言わせる会話術を心がける＝つまり相手が「イエス」と答えざるを得ない話題を振ることだ。心理学者によると、人間は一度「ノー」と言ってしまうと、それをひるがえすのに心理的葛藤《かっとう》があってなかなか難しい。つまり自尊心が許さないということだろう。その点、はじめから「イエス、イエス」と言い続けていると、物事すべて「イエス」の方向に動いてしまう――というのである。

⑥失敗談はたくさんしたほうがいい＝よく、〝他人の不幸は蜜《みつ》の味……〟と言うが、失敗した話は相手を安心させる。相手を笑わせる。笑うことでお互い警戒心がなくなり、ホンネで付き合えるという。逆に「オレには失敗という二文字はない」とか、「不可能はない」なんて顔をされると、人は誰でもつい身構えてしまう――これはある人生苦労人の話なんだとか。まさにそのとおりである。

⑦人をホメることはその人の心をつかむこと＝〝ホメ上手〟という言葉がある。ホメてホメて相手の心をコロッといかせる。人間、ホメられてイヤな思いをする人はい

ない。たとえヨイショ、ゴマすりとわかっていてもうれしいものだ。

ただし、コツはホメ言葉に心をこめること。本当にその気になってホメること。なぜなら、ホメることも喜びとなっていくからだ。ホメられて喜んでいる人を見るのは、自分にとってもうれしいことだからだ。

そこでその人が「ここをホメてくれるとなによりもうれしいんだけど」というところを探してホメる。これはゴマすりなんかではない。好きな人、大事な人のよいところを見つけたり、それを伝えることによって喜んでくれたりすることが、なによりもうれしいからだ。

好きな人が喜んでくれることが自分の生きがいとなれば、心よりのホメ言葉が出てくる。それは相手も同じ。すると、その人の心を、もうつかんだと言える。

——そして最後に、「鈍才さん」は言った。「会話上手になりたかったらまず聞き上手になれ」と。

「会話の基本は、相手の話を気持ちよく聞いてあげることだね。自分の気持ちをうまく伝えるためにまずすべきことが相手の話をよく聞くことというのは、少し皮肉のようだが、自分の気持ちを受け入れてもらうための戦略なのさ。

人はとかく自分の話を聞いてもらいたいもの。人の話を聞ける人でないと自分の気持ちをわかってもらうことはかなり難しいことをよく知って欲しい。これも自己鍛錬《たんれん》。人の話を気持ちよく聞ける人というのは、そのよい人間性が顔や雰囲気に出てくるものだ。だんだん好ましく思われること間違いない！」

なぜならば、人は話を聞いてもらえることで喜び、自己重要感を満たされる。聞くほうも多くのことを学ぶことができる。

「私の経験では、**人は話す力よりも聞く力でその器が決まる**ようにも思えるね。聞く力がある人とは、相手が話したくなるような、また話している人が『どうしてこんなことまで話してしまうんだろう』、『そうか、私は、こういうことを知っていたのか』と思えるような聞き上手のことさ。こういった聞き上手にはもう心をほとんど許してしまう。

私もずいぶんとマスコミのインタビューを受けたが、聞くセンスのいい人に出会うと、それは天国にいるような気分、至高の気分を味わえるはどだった。だから、自分の気持ちを伝え、**相手の心をつかむ究極の武器は『聞く力のセンス』だ**と私は思う」

人は自分が気持ちよく話せているときに逆提案、逆営業を受けたとき、すんなりとOKを出してしまう——というのである。

前出の釣りマニアの営業マンの話ではないが、商談の席ではとくに、〝ああ言えばこう言う〟タイプの営業マンは受けが悪い。つまり商談中は、取引先の担当者が何を求めているかをいかに素早く聞き出すか、が勝負になる。そのためには、相手の話をさえぎって口をはさむのは、いい印象を与えない。よく〝話の腰を折る〟人がいるが、話の腰どころか商談の腰まで折ってしまってはビジネスマンとして下の下であろう。

〝話す〟ことは営業マンの基本である。人前で堂々と話しができなければ営業マンはつとまらない。ただし話しすぎが逆効果になることがある。つまり自己規制の能力が求められる。

ともあれ人間は不満を吐き出すと満足するものだ。気分がすっきりする。そのためにも、〝よき聞き手〟にならなければならないのだ。

「個性」があれば競争に勝てる

「ビジネスで成功するためには、最低一つの〝インパクト〟づくりが必要だ。インパクトづくりとは、〝個性づくり〟と言い換えてもいい。インパクトというのはいろいろあって、商品にインパクトがある場合、会社にインパクトがある場合、現場のトップにインパクトがある場合など、何か材料が要る。でもそのうち二つ以上が組み合わされば、これ以上のことはない。それも現場のトップにヒーローが生まれれば、これにこしたことはない」

「鈍才さん」はいつになく静かな口調で言った。

「ただし現代のヒーローたる人物は、昔のような雲の上の人ではつとまらん。アイドル人気のカリスマ教祖でもダメだ。傲慢《ごうまん》な独裁者タイプはもっとダメだ。**いつも仲間と同じ目線に立てる人物**でなければならない。むろん、そのための演出（イメージづくり）が必要になる」

「鈍才さん」の話は続いた。

「生まれついてインパクトを備えている人は幸せだ。磨かなくても玉は光る。しかしそうでない人は、まず外面からインパクトを身に付ける努力をしなければならん。玉はやはり磨かなければ光らない。そして次に〃装《よそお》い〃を内面に移していく。人格ということだな」

――ところでこの「インパクト」とは、「能力」または「個性」と言い換えていい。個性ある人を「人財」と言う。古来、この個性ある人財は仕事の口、就職先には困らない。

しかもこの「個性」は先天的なものではなく後天的に努力、勉強、そして忍耐の結果として得られるのが望ましい。〃ホンモノ〃として身に付くからだという。

いわゆる世間の『成功法則本』には、「自分のやりたいこと（好きなこと）をしてそれがビジネスになり、それで儲かればハッピー」というフレーズがある。一理ある。「好きこそ物の上手なれ」という言葉もある。自分のやりたいことなら、試合前のハードな練習にも耐えられるというものだ。

しかし、このフレーズにはもう一つの視点が欠けていると思う。それは持続性の問題だ。やりたいことをやって挫折すると、次のやりたいことに気を移す。「好きなこと」は先天的なものだから、後天的な努力や勉強や忍耐はあまりやりたくない。試合前のハードな練習も、できればやりたくない。練習も何もしないで試合に勝てる人なんてそうざらにはいないのだから。その成功率は確率で言うと宝くじより低い。

また「好きこそ物の……」には逆の見方もあって、自分の好きなことにこだわると失敗するという部分もある。たとえば極端な例で言うと、自分は歌が好きだから歌手になりたい――と。でも歌手として成功できるのは本当に一％か二％……。その他大勢は不幸になる。それより自分の不得意なところを努力と勉強でポイントを上げていけば、得意な部分も伸びてまた新しく道が開ける、という理屈もある。

「結局のところ、やりたいこと、やりたくないことにかかわらず、仕事が楽しみになるのが最高の境地だろう」と「鈍才さん」は話を続けた。

それから『成功法則本』のもう一つのフレーズに「仕事を生き甲斐にするか趣味を

生き甲斐にするか」というのがある。これもちょっとおかしい――と「鈍才さん」は言う。

「二者択一というのはどうかな。仕事を生き甲斐にできればこれ以上のことはないけれども、仕事はメシのタネ、生き甲斐は趣味……というケースもあるだろうし、仕事も趣味もどちらも生き甲斐、という理想の形もある」

第一、趣味を生き甲斐にしてもメシは食えない。確かに世の中には、趣味の道でメシを食べている人はいる。骨董品《こっとうひん》集めなどはその典型だろう。でもタネ銭はどこから調達したのだろう？　家に資産があるか、いいスポンサーがつかなければ無理だろう。

これもまた、成功確率は、やはり宝くじより低い。生涯持ち続けるべき生き甲斐と、ビジネスにおける生き甲斐とはあくまで別物と言わざるを得ない……と。

「自分のやりたいことを持つのは大事なことだよ。これけ必ず持つべきだ。たとえそれが仕事（ビジネス）になろうとなるまいと、それはそれで一つの生き甲斐だからね」

――さて、「鈍才さん」との心の会話は「個性論」になった。

「なんでもいい、自分の得意をつくること。それが能力を高め、個性になるんだ。ただしレベルは高いぞ。車のメカニックを扱わせたら修理工要らずとか、コンピューターの扱いにかけたら天才的とかね。ハッカーをつかまえられるようになったらプロ中のプロだ。趣味の道もプロはだしでなければ……」

「そんな鈍才さん、僕には何もない……」

「だからキミはもっともっと勉強する必要がある。もしキミが自分の得意分野を持てるようになったら、いつどんな世の中になっても競争に勝てる！」

「鈍才さん」がかつて起こした会社は、「リストラなし、終身雇用制を守る」ことを社是《しゃぜ》にしてきた。鈍才さんの死後、会社は一時的にこの社是の旗を下ろさざるを得ない経営危機に見舞われたが、今は持ち直している。鈍才さんは言う。

「年功序列制はともかく、終身雇用制が非能率で不平等だというのはおかしい。私は大いに競争を奨励《しょうれい》している。この世の中、私はある程度の競争は必要だと考えているんだよ。そうでないと、本当のリーダーが生まれてこないから。全く競争のない〝完全平等〟のやり方は否定する！」

――すなわち、ある程度の貧富の差はやむを得ない、と言う。もちろんアメリカ流、ハーバード・ビジネス流の「他人を蹴落としてものし上がる」競争は大嫌いだとおっしゃる。日本流の**〝和を保ちながら〟、お互い切《せっ》磋《さ》琢《たく》磨《ま》するのが理想**だとおっしゃるのだ。

「私の考え方は**年齢、性別、学歴、肩書、国籍などの差別はおかしいと。ただ、頑張っている人と頑張っていない人は人種が違うという考え方をする。**ただしそれ以外の差別は全くない世界だ」

日本はよく〝社会主義国だ〟と言われる。ほとんどの部分を〝お上〟が管理している。旧ソ連が理想とした社会だった。でもこれからの日本は競争社会に入らざるを得ないと思う。だいたい、今の日本は競争がなさすぎる。

「学校でもそうでしょ。たとえば運動神経がある人とない人がいるので運動会をやらないとか。ナンセンスだと思う。だって運動会でしか自分をアピールできない人もいるわけだ。そこで個性を伸ばせるわけだからね」

――とにかく〝使い捨て〟にされないことが大事。そのためには〝自分〟を持つこと、〝個性〟を持つこと……と、「鈍才さん」はくどいほどに念を押すのである。

戦国武将に見るプレゼント作戦

「きょうはキミを実技テストしよう」と「鈍才さん」は言った。

「まず、キミをわが社の営業二課で採用したとする。さっそく取引先に営業に行ってもらいたい。そこでまずキミのファッションだが、キミがどんな服装で行くか、楽しみにしているよ」

まずは服装テストである。海堂は考えた。これまでの「鈍才さん」の話を聞いている限り、少なくとも海堂流のドブネズミ・ルックでは通用するまい。デパートや秋葉原の家電コーナーに出入りするとなれば、かなり派手目でいい。

営業マンは、社内的にも社外的にも〝話題性〟が必要だ。話題性とは、話が上手である、知識が豊富だ、△△の特技を持っている、××をやらせればプロだ——などといろいろあるが、とりあえず目にみえてわかりやすいのが服装だ——というところまでは「鈍才さん」の講義でわかった。

海堂がまず考えたのは、今流行のファッションだった。つまり有名ブランドものである。ヴァレンチノ、ベルサーチｅｔｃ…。しかし高い。ではテーラード・スーツ（注文服）はどうか？　一着分二〇万円、三〇万円とするウール生地を使った高級仕立て服は、それは着心地がいいし、見る人が見れば生地《きじ》の良し悪しをわかってくれる。しかし、多くの人はわかってくれない。それでは費用対効果の点でＰＲにも話題にもならない。他人があまり着ていないユニークなファッションはどうか？　そういえば知人のある音楽チャート誌の社長は、いつも真っ赤なブレザーを着てたっけ……。でも芸能人のステージ衣装のようなやつは、逆に反感を買ってしまうだろう。

（スーツそのものは量販店のツルシ物でいい、その代わりネクタイやアクセサリーなど、いわゆるファッション小物で勝負してみよう）

海堂は海外通販会社のカタログを取り寄せ、日本では売っていないネクタイを選んだ。購入したのはカナダのキング・サーモンの形をしたネクタイやイギリスのオートバイの名車ハーレーダビッドソン柄などマニア物、さらにお色気ネクタイも数点加えた。そしてタイピンには、フランス製のブローチ型、靴下はドイツ製、ポケットチーフは中東アラブ製のシルク……。

「こんなものでどうでしょう？」

「え？」

海堂の変則ファッションを見て、「鈍才さん」は目をむいた。

「なんだその格好は？　まるで万国旗《ばんこくき》みたいだな」

しかし顔は笑っている。どうやら合格のようだ。

「ま、面白いよ。問題はその格好が取引先でウケるかどうかだ。さっそく試してみるんだな」

というわけで、海堂はさっそく取引先を回り始めた。結果は上々だった。キング・サーモンタイは、目にした人のほぼ半分が興味を示し、「手に入れるにはどうしたらいいか？」と質問してきたのだった。

実は海堂は、胸だけでなく背中側に垂らしてもう一本、お色気ネクタイを着用していた。トイレに入って上衣《うわぎ》を脱ぎ、クルッと回すだけで瞬間的にネクタイ替えができる。いちいちネクタイを締め替える必要はない。芝居の早替わりの要領だ。

　これもわざわざタネ明かしすることで大ウケした。その理由とやり方を面白おかしく説明することで場は盛り上がり、大笑いすることで座がいっぺんに和《なご》やかになったのだ。当然、初対面の人とも会話のきっかけができた。

　そして話の成り行きによっては、アラブのポケットチーフにアメリカのブローチを包み、「両国このように仲良くやってもらいたい」とやった。ネクタイには二本のタイピンを付けておき、「お気に入りましたら差し上げます」――このプレゼント作戦は大いに効果を発揮したのである。

　結果として、〝海堂ファッション〟は相手先に強烈なインパクトを与えたのだ。印象性、話題性で合格点以上。海堂ファッションとプレゼント作戦が、商談としても有効なテクニックであることが証明されたのであった。

（オレは田舎のプレスリー……じゃないが、オレって結構エンターテイナーじゃないか。オレのアイデアもなかなかのもんだ）と海堂は自信を持った。これなら「鈍才さん」にもきっとホメられるに違いない。ところが「鈍才さん」の評価はあくまでもシビアだった。

「ウン、よくやったよ。でも欲を言えばちょっと消極的だったな。やるならもっと徹底的にやっていい。恥ずかしがるくらいならやらないほうがましだ。でも何もしなければキミはタダの人。さて、キミはどっちを選ぶ？」

「もちろんやりますよ。心機一転です」

「よし、その意気。ところでキミは今回、二、三人にタイピンをプレゼントしておったようだが、それはあくまで個人レベル。会社全体にプレゼントするとしたらどうする？　きょうの会社訪問で何か気がついたことがあるかね？」

「ウーン」と海堂は考えこんだ。きょうの会社訪問で、海堂の網膜《もうまく》に焼き付いたフィルムを巻き戻して前頭葉《ぜんとうよう》のスクリーンに映し出す。コマ送りの再現フィルム。

「そういえば……」と、海堂が小さな声を発した。

「何かね？」

「A社の会議室には花がありませんでした。花をプレゼントしたら効果的だと思うんです。会議の雰囲気も和《なご》みますし……」

「ウン。いいところに目をつけたな。それでは生花ではすぐ枯れてしまうから、卓上花か花のオブジェでも贈るとしよう」

「B社では食堂で昼食をご馳走になりました。あのとき僕が感じたのは（おしぼりが欲しい……）。保温式の使い捨ておしぼりなんかどうでしょう？」

「キミはなかなかセンスがいいね。「見る」から「観る」へ、よく気がつく。よし、B社には半年分のおしぼりサービスを提案しよう。サービス品の効果的寿命としては、最低半年間は愛用してもらえるものでないとな。もちろんおしぼりの包装ポリ袋には当社の名前を印刷してしっかり宣伝させていただく。で、C社では？」

「あの会社は小さいので、訪問客はみなさん、社の横の喫茶店に案内されます……、あの喫茶店と提携して、飲み物オール一〇〇円引きの割引券を発行するのはどうでしょう。社員のみなさんは喜んでくれるのでは？」

「それはいいアイデアだ。いただくとしよう。しかし、私がきょう天界からキミを観ていて一番感心したことがある。それはなんだと思う？」

「さて、なんでしょう？」

「キミが帰りぎわ、『本日はお時間をいただきましてありがとうございます』と大声で言ったことだ。これはいい印象だったね」

デール・カーネギーを始めとする多くの『成功法則本』も、このプレゼント作戦の効用を説いている。上司の誕生日、将を射んとすれば馬で奥様の誕生日、夫妻の結婚記念日、お子さんの入学・進学・卒業記念ｅｔｃ……。人間関係にもプレゼントという投資は必要だ。

ではどんなものを贈ったらいいのか？　あまり高価でなく、〝珍しいもの〟をさりげなく贈るほうがいい。「どこどこへ旅行に行ったら、珍しいものがあったので買ってきました」、「田舎の母親が送ってきたものですが、お口に合うかどうか……」

――こういうプレゼントである。

現ナマや高価なものは、もらうほうも警戒する。贈る側になにか下心があるのではないか？　と疑われてしまう。とにかくささやかな心づくしを、さりげなく贈るのが大事なコツだ。

「鈍才さん」の姿がフッと消えて、代わりに天海僧上が現れた。

「高価で珍しいものを贈るのが得意だったのは織田信長じゃった。といっても相手は甲斐の猛将・武田《たけだ》信玄《しんげん》殿と越後の名将・上杉《うえすぎ》謙信《けんしん》殿で、信長公がこの二人にことのほか気を遣っていたことがよくわかる」

その理由はしごく当然だった。信玄にしろ謙信にしろ、もし天下統一を狙って上洛《じょうらく》（京都に攻め上がること）を図《はか》れば、信長の本拠、尾張・美濃はその通り道になる、今《いま》川義元《がわよしもと》の上洛は、幸運にも恵まれて桶狭間《おけはざま》でその首を討ち取り今川の野望を阻止できたが、相手が信玄、謙信となるとそうはいかない。戦えば鎧袖一触《がいしゅういっしょく》で蹴散らされることは目に見えている。

上洛を思い直してもらえればそれが一番。もし上洛に踏み切るとしても、尾張・美濃では戦わず素通りしていただきたい。そのための恭順《きょうじゅん》の意を表して高価なプレゼントを贈る――というのが信長のココロだ。

『名将言行録』によれば、謙信が「五万数千の大兵を率いて京に上る決心をした」という声明を送ってきたとき、信長は「安土辺《あづちあたり》にご出馬なされるなら、手前は髪を削り、無刀《むとう》でお目にかかりて一礼致しましょう」と返信している。

そこで謙信には、当代一流の絵師・狩野永徳《かのうえいとく》（代表作は『洛中洛外図《らくちゅうらくがいず》』）の手になる名画や錦衣、ビロード仕立てのヨーロッパ風マントなどの珍品を贈っている。

一方の信玄には、一年に七度も使者を送り、そのたびに大枚《たいまい》をはたいて莫大なプレゼントを持参させている。しかも中身だけでなく、プレゼント品を納めた容れ物にも豪華、精巧な蒔絵《まきえ》をほどこした木箱を特注している。

「その意味では、秀吉殿もプレゼントの名人じゃった。ただ秀吉殿の場合は高価なものは贈っていない。その代わり、相手の性格やそのときの気分などをよく知り抜き、TPOで〝適時適品《てきじてきひん》〟のプレゼントをしておったな」

「では家康公は？」

「家康殿は〝違いのわかる〟お人じゃった。高価なものとささやかな心づくしを見事に使いわけておった。たとえばねね殿など女性には南蛮渡り《なんばんわた》の高価なもの、一般の人には日本全国から取り寄せた土地の名産品……という具合じゃ。とにかく〝猫に小判〟、〝豚に真珠〟のようなプレゼントはしなかった……」

「それ、どういうことですか？」

「これは笑い話だけどな。ある人が高級寿司屋の寿司を土産《みやげ》に持参したところ、もらったほうは『あのお寿司はご飯がちょっぴりしかついてなくて……』（物足りなかった）という顔をしたというのじゃ。**贈られた品物の価値がわからない人に、高価なものを贈っても全く意味がない**という、これはいい戒《いまし》めじゃな」

――「なるほど」と海堂は得心《とくしん》がいった。

「いや、まだまだ……」と僧上は海堂を制した。

「プレゼントというのはな、ホンマに厄介なものじゃ。贈っておけばいいというものじゃないし、また打ち切り時の見切りが肝要なのだよ」

僧上が例として取り上げたのは、黒田如水《じょすい》の子・長政のプレゼント作戦だった。黒田家では、父・如水の遺言《ゆいごん》に従って老中や幕府の要人に毎年のお歳暮《せいぼ》を欠かさなかった。「贈り物とは、日ごろ何もないときから贈っておくからこそ効果がある。頼みごとがあるときばかり親しげににわか贈り物などしても、誰も便宜《べんぎ》を図ってはくれぬわい」というのが如水の言葉だった。

「それはそれでいい。とてもいい心掛けじゃ。ところがその黒田家のプレゼント作戦が逆に不評を買ったのじゃ」

「エッ？　どうしてですか？」

「それはな、相手が役職を離れると、贈り物がピタッと止まってしまうということじゃ。つまり相手が現役のときだけチヤホヤする現金さがな。〝あの見切りの早さはさすが父親譲り〟と揶揄《やゆ》されたのよ」

――これではせっかく贈り物を贈っても逆効果というものだ。**贈り物は、始めるときよりやめるときの潮時が難しい。**僭上の言わんとすることはそのことだった。

「なるほど、贈り物一つとっても難しいものだ」と、海棠は感心するほかなかった。

女性を使いこなせたら一人前

ビジネスにおける市場づくりでは、とくに女性がキーになる場合がしばしばある。

というのは、自分が男である場合に、仕事仲間にはだいたい似たような年齢、境遇の人が集まってくる。

そうするとグループから多様性が消えてワンパターンになってくる。そのグループの実績は上がらなくなる。当然、なんとかしてグループ層を変えたいと思うようになるだろう。

そして実際に試みてみる。でも二〇代男性中心に形成されているグループに、いきなり四〇代の男性は登場しにくい。ところがそこへ女性を入れると変わってくる。男性が同世代の人間しか知らないことが多いのに対して、女性の場合は二〇代の女性でも、三〇代、四〇代の男性を比較的よく知っているからである。

なぜか？　**男に比べると女性のほうが付き合う世代の幅が広い**からだ。**女性を媒介者にすると、グループの層を変えることができる。**

これは一般の企業についても同じことが言える。男性はある企業に就職すると、同じ職種の人間との付き合いが非常に多くなる傾向がある。それも狭い範囲内にとどまることが少なくない。

営業畑の男性は営業畑の男性をよく知っている。そこには前出の「類友の法則」が働いている。このビジネスグループを別の人たちも含めた複層的な構成へ持っていこうとするとき、女性を絡ませると、早く転換することが可能になってくる……。

「このように、グループの形成というものは自然発生的であるように見えながら、最初に集まった人間の年齢や経歴などに意外に左右されるものだ。また男性の場合は類友の法則が働きやすい。それがビジネスにとって好ましくないような場合は、女性の力をかりて転換することを考えると効果的なのだよ」

そう言うからには、「鈍才さん」もまた女性の使い方には自信があったのだろう。

「いやいや、私なんかまだまだ。それよりも天海僧上の昔の話を聞いてごらん。きっと参考になると思うよ」

——というわけで、海堂はまた僧上を呼び出すことになった。僧上は目を細め、昔を思い出すかのように話を始めた。

「そう。戦国武将で女性の扱い方が抜群にうまかったのは、やはり家康公じゃった。さすが〝狸おやじ〟と言われただけのことはある」

――戦国時代は、女性は言ってみれば男の〝戦略の道具〟であった。だから戦国武将は、女性の意向などほとんど頓着《とんちゃく》しない。しかし家康だけは別格だったという。男女のお楽しみだけでなく、仕事上の部下としても女性を存分に活用したというのだ。

それは家康の女性選びから始まっていた。

秀吉はただお姫さまを愛玩《あいがん》するのが楽しみだったけれども、家康のお相手はほとんどが人妻だったのである。人妻というか後家《ごけ》というか、離婚経験者が多かったのだ。

家康の女性関係は、二妻一五妾と言われている。まず正妻の一人は、今川一門の娘の築山殿《つきやまどの》（瀬名姫《せなひめ》）である。これは、家康が今川氏の人質時代に押しつけられた、いわば政略結婚であった。家康が一六歳のときで、瀬名姫のほうがはるかに年上だ。

二番目の妻が、秀吉の実の妹である旭姫《あさひひめ》。もっともこの結婚は形の上だけで、ありていに言えば家康との同盟をはかるために秀吉が送りこんだ、いわば人質であった。旭姫、このときすでに三十ウン歳の〝ウバ桜〟である。

といって家康がウバ桜には手をつけなかったかというと、そんなことはない。一五人の愛妾《あいしょう》たちは、下は一三歳のお梶《かじ》（そのとき家康は四九歳）から、上は三十ウン歳のお悔までさまざまだ。

というのも家康の〝女選び〟は、家柄や身分、年齢、そして美醜《びしゅう》にはトンとこだわらない。見るからに健康そうで丈夫なからだをしていることが第一で、その心は「丈夫な子を産んでくれればよろしい」。それから機知に富み、情報通であれば言うことなし。

そこで一五人の愛妾たちの出自《しゅつじ》をみると、下級武士の娘を中心に町医者の子、鋳物《いもの》師《し》の女房、浪人の子連れのやもめ……などいろいろ。

その代わり彼女たちは、苦労知らずの公家の姫などと違ってすでに世間のことをよく知っており、人情の機微《きび》や世のしきたりにも通じている。そのため夜の営みだけでなく家康の知恵袋として、しもじもの世情を伝えるアンテナ役にもなっていた。

なかでも阿茶局《あちゃのつぼね》などは、外交官として大阪の冬の陣、同夏の陣であの淀君と下交渉に当たるなど、その老獪《ろうかい》な駆け引きで〝女家康〟の異名をとったほどである。のちの春日局の向こうを張る活躍ぶりであった。

「そういう知恵の吸収というか、何事も勉強のタネにするところが、家康が他の人と違ったうまさだった。こんな話がある、ある日城中《じょうちゅう》で、家臣を集めた家康がこんな質問をした。『世の中にはうまいものがたくさんあるが、お前たちは何が一番うまいと思う?』——と」

家臣たちは、ここぞと自分のグルメぶりを披露した。やれ「××のそばじゃ」、「いや、なんと言っても鰻《うなぎ》でござろう」、「いや、墨田堤の団子もオツなものでござるよ」etc。

そのとき家康は、かたわらにいた何番目かの愛妾《あいしょう》にたずねた。「お前はどう思う?」。すると彼女は答えたという。「みなさんはいろいろなことをおっしゃるけれど、一番うまいのは塩でございましょう」

どんなうまいものでも、塩がなくてはその味は引き立たない。だから一番うまいのは塩だ——と言うのである。

「フム。それでは一番まずいものは何だ」と家康が重ねて問うた。「それはやっぱり塩にござりまする」

塩はそれだけナメてもおいしくないし、食べすぎると体に害になる。

「これは哲学に近い。まさに人生の〝塩味〟ではないか。家康殿の周囲には、こんな当意即妙《とういそくみょう》の女御《おんな》たちがたくさんいた。人を一石二鳥にも一石三鳥にも使う、家康殿の真骨頂よ」

家康は僧上をして感嘆せしめたのである。

「さて海堂クン。キミはこの故事から何を学ぶのかな？」

「はい。人財はまだまだ埋れている、その人財を発掘するのが腕だと……」

「そのとおり。**人財を発見するには、その人財以上の人財が必要だ**ということじゃ。キミもそういう人間にならなくてはいけない。人財は人財を知る。ひとたび目のある大きな人物が上に立てば、その下に多くの人財が集まり企業やグループは成長を続ける。逆にトップが凡庸《ぼんよう》な世襲《せしゅう》社長だったりすると、人財は流出し茶坊主だけが社長を取り巻くことになる」

「昔も今も全く変わりませんね、僧上」

「そのとおりじゃ。昔の武士の社会も、室町幕府までの人事は家柄、門地《もんち》、血統最優先でな、いくら実力があっても出世は覚束《おぼつか》なかった。これを根底からひっくり返したのが信長公じゃった。信長公の人事登用《とうよう》は、旧弊《きゅうへい》（悪い習慣）を廃してまことに進歩的、革新的であった」

つまり実力第一主義。そこから秀吉（木下藤吉郎《きのしたとうきちろう》）が生まれ、天海僧上、いや明智光秀が台頭した。**「人財を発掘し、それを育てるのもまた人財である」**——という鉄則を、織田信長が見事に示してくれたのであった。

意外と効果のある「手紙」の効用

手紙も「演出」のうちである。口では語り尽くせないことも、手紙ならこと細やかに説明できる。また書く文字にはその人の個性や人格が表れる。筆字《ふでじ》で書けばさらに格が上がる。古来、名筆《めいひつ》と言われる「書」も、その多くが手紙文である。何度も読み返せるので、なにより〝記憶〟に残る。

「僕の知人にも書家がいます。よくアドバイスしてもらっています。書はいいですね。すばらしい。心が落ち着きます。現代なら相田みつをさん。版画の棟方志功《むなかたしこう》さんの文字、俳優・片岡鶴太郎さんの絵文字もなかなか味わいがあるな」

——と海堂は言った。その胸の内を見透かすように僧上は語り始めた。

「戦国武将は概して筆まめじゃった。学もあったしな。だからその手紙は、息子や家臣に対するお説教や理屈が散りばめられている。学がなかったのは秀吉殿でな。実に単純明快な手紙じゃったが……」

「手紙と言えば、あの毛利元就《もうりもとなり》は〝手紙魔〟だったんですってね？」と海堂が水を向けた。

「そう。彼は〝手紙の効用〟を知り尽くした男じゃった。数いる戦国武将の中でも、一番多く手紙が残っている。ただし中身は繰り返しが多い。同じことを何度もしつこいほどに書き送っている。宛先は三人の息子たちへのものが一番多い」

「同じお説教の繰り返しでは、子どもたちも相当辟易《へきえき》したでしょうね」

「そのことよ。元就殿というのは性格が細かくてしかもしつこい。手紙作戦には向いている。手紙に書かれているようなことを、毎日毎日顔を合わせるたびにグチグチやられたら、それはいかに親孝行の息子たちといえどもたまらんよ」

でもそれが手紙なら、息子たちは時折取り出して読めば済む。「フムフム、なるほど。さすがおやじ殿、いいことを言ってるじゃないか」と身に染みる。そうでなくても創業社長というのは口うるさいものだ。手紙作戦は二代目教育としてはなかなかうまい手だ――というのである。

「ところであの信長公がなかなかの手紙巧者であったこと、キミは知っているかい？　口を開けば『そうであるか』しか言わないぶっきら棒な信長公がだよ」

「へえ、それは面白い話ですね」

「おねね殿が秀吉殿の浮気に対して処罰を訴えたとき、信長公がおねね殿に宛てた手紙が残っておる。これが実に巧妙なのじゃ。女心をとろかしながら、問題点に対する解答はうまくはぐらかしている」

その文意を現代風に意訳すると、ざっと次のようになるという。

「この間は、わざわざすばらしいおみやげを城まで届けてくれてどうもありがとう。久し振りに顔を合わせたが、おまえも大層美人になったじゃないか。本当におどろいたよ。そういう美しいおまえといっしょに暮らせる秀吉は実に果報者だ。ところがその秀吉めが浮気をしているんだって？　あの男の長年の苦労に報《むく》いて長浜《ながはま》城主にしてやったが、それで浮かれて女に目がくらんだのだろう。しかし、おまえのような美しい女を悲しませるのはよくない。そこで、この手紙を秀吉めに見せて、ワシが怒っておると伝えなさい。そうすれば、秀吉めも行いを改《あらた》めるに違いない」

この手紙を、「言葉」の専門家が次のように分析している。

①女性特有の、自分の容姿をホメられたいという心理をちゃんと心得ている。

②しかし、ねねが提起した問題自体には直接答えていない。つまり秀吉に対する処分についてはノー・コメントである。

③そして（夫婦間のことは）おまえたちがよく話し合って解決しろ、と常識論でかわしている。

――要するに信長の手紙は、心理学的にもなかなかのものなのである。

さて、ではその手紙はどう書いたらいいのか？

「それは私にもわからん。その代わり〝文章の達人〟を紹介しよう」

そして僧上に代わった達人はこう教えてくれた。

――手紙というものは、読み手が限定されるものです。「その人」に宛てて書き、「その人」が読む。だから、まずその人に伝えたいことを明確にし（強く意識し）、わかりやすい文章にその伝えたいことと気持ちをのせることが大事だと思います。

一般によい文章とは、**①自分の伝えたいことがきちんと入っていて、②誰が読んでもわかる（くらいに平易《へいい》）**――というものです。

まず、①の自分の伝えたいことがきちんと入っていることですが、読むに値するのは書き手自身の情報があるからです。社会一般のことを評論したり、他人のことをあれこれ書いていてその中にまったく自分というものがない文章は、読み手にとってこんな迷惑でつまらないものはありません。

そのためには、**〝5W1H〟**の法則を使いこなすことも一つの方法です。〝5W1H〟とは、「WHEN」（いつ）、「WHERE」（どこで）、「WHO」（だれが）、「WHAT」（なにを）、「WHY」（なんの目的のために）、「HOW」（どのような方法で）行うか――という法則です。

これは本来、新聞社の社会部に配属されて〝事件記者〟を目指す新人社員教育に用いられている〝金科玉条《きんかぎょくじょう》〟ですが、営業の場合もまったく同じなのです。相手の心理を読むために、この5W1Hの法則を当てはめます。そうすると、相手が今何を欲しがっているか？　が読めてきます。

つまり、自分のこと、自分の思ったこと、経験していること、相手への思いをまっすぐに書くとよい手紙となります。相手に自分の思いを伝え、その人の心をつかむには、この自分の思いの具体的な内容と、思いの〝強さと真摯《しんし》さ〟を書くことだと思っています。

だから私は、手紙という存在を人生の中で大きく見直したい。手紙の文章には、書き手の心が染み入ります。人柄も伝わってきます。特に心を込めて書かれた手紙ほどもらってうれしいものはありません。それこそ何度も読んでしまいます。

これだけ人の心に強烈な印象を与えることのできる手紙を、自分の心を伝えるために、相手の心をつかむために使わない手はありません。

このように、手紙がうまく使える人と使えない人では、人生の過ごし方、人との付き合い方、そして自分の気持ちの伝え方にとても大きな差が出てくるのです。書く・書かない、利用する・しないは、その人の決断ですが、人生を左右しかねない決断と言ってもよいでしょう。

手紙一つで、仕事を飛躍させた人、好きな人と付き合えるようになり、気持ちをつかんだ人、メール一つで、生涯の友を得ることができた人などよくあることです。

これら一つひとつのよいコンビネーションで、ぜひとも自分の気持ちをよりうまく相手に伝えてもらいたいものです。

──「僕も手紙名人になりたい！」と、海堂はつくづく思うのだった。

第3ステップの教えの実践

第2ステップの教えを踏まえて十分な反省を行った海堂だったが、しかし最近、何か心の片隅に隙間《すきま》の存在を感じ始めていた。馬車馬のように走ってはいるが、何かが足りないのでは？

それは、「オレは今の仕事を心から楽しんでいるだろうか……やりたいことを得意とし、誰にも負けない個性にまで高めているだろうか……」という疑問だった。

よくよく考えてみると、正直、完全に〝YES〟とは言えない状況であった。なぜ〝YES〟と言えないかを突き詰めて考えてみたところ、自分が今突き当たっている壁が見えてきた。

自分の仕事の中で新たな気付きの機会が減り、自分の成長が感じられない。本当の意味で楽しめていない。なぜ楽しめていないのか、海堂はさらに突き詰めて考えてみた。自分が知っている自分の範囲内でしか仕事をしておらず、あらたな気付きや感動がなくなってきていた。

この隙間を克服するために、自分は何をなすべきか？ その答えがこの第3ステップにあった。そうだ、海堂に足りないのは、相手の心を揺さぶるインパクトづくりだ！

その意味で、「記録より記憶に残る人物になれ」――という「雑学博士」の言葉が身に沁《し》みた。そしてそのためには、「自己表現」、「自己演出」が必要だということを痛感したのである。そしてそのためには、恥じらいやてらいは無用だということも……。

海堂はさっそく鏡に向かうことにした。〝さわやかな笑顔づくり〟の研究である。朝起きてすぐと、そして就寝前の二回。そこで海堂は不思議な発見をした。その日一日の行動の中で感じたイヤな体験やイラ立ち・ストレスが、とくに就寝前の〝笑顔づくり〟教室でスーッと消えて行ったからである。まさに「夢叶塾《むきょうじゅく》」の思いもよらぬ副産物であった。

服装にも気を使うことにした。「人間関係は出会いの演出で決まる」と言うが、確かに第一印象は重要だ。初対面でお互い気心を通わせることができれば、これに越したことはない。第一、時間の節約になる。

それから海堂は「会話教室」に通うことにした。リンカーンではないが、〝言葉の魔術〟、〝言葉の大事さ〟に今さらながら気が付いたのだ。「剣は肉を切り、言葉は人を刺す」の格言どおり、自分の放つ言葉で人々の情感を揺さぶり、人の心を動かさなければビジネスの成功はない。会話術もまた大きな個性であり、インパクトであることを知ったからだ。

そしてこれらの修業によって、「自分でない自分」が見えてくるかもしれない。それが自分の「潜在能力」を引き出すことにつながれば、それが最高だ。

「演出」とは、自己表現力である。イメージづくりと言ってもいい。得意なことを誰にも負けないくらい磨いていくと、際立《きわだ》つ個性となり、ひいてはそれが楽しみになる。

自分の演出の仕方、人の記憶に残る会話の仕方、実地《じっち》で教えを受けたプレゼント作戦、手紙の使い方……。すべては海堂の得意を伸ばし、その器をさらに大きく育てていく教えであった。

第4ステップ「プラス思考」ディスカッションの時間

〈第4ステップの主な内容〉

成功法則においては、「プラス思考」という考え方がよく取り上げられる。この項目では、「プラス思考」とは何か？　「マイナス思考」とは何か？　徹底的に討論が行われる。

このディスカッションは、しばしば大脳生理学や心理学の領域に踏み込み、「潜在意識」と「自己暗示」の効力を検証する。

「潜在意識」を活用するためには、「宇宙意識」、つまり〝サムシング・グレート〟とコンタクトする必要があり、そのためのツールとして瞑想が大事になる。しかし、究極の境地とは、「プラス思考」でも「マイナス思考」でもない、〝完全中立〟の「恬淡虚無《てんたんきょむ》」にある――とする。老子・荘子の世界である。

プラス思考かマイナス思考か

いわゆる「プラス思考」が大事なことはよく知られている。ポジティブ・シンキングとも言う。多くの先達《せんだつ》が「成功法則の一つ」として例示している。海堂もそのことは十分に意識してきた。

しかし、「ではそのプラス思考がいいという根拠は何なのか？」と「鈍才さん」に正面切って問われてみると、海堂にはその解答はなかった。ただ漠然と〝いいことだ〟と思っていただけだ。

（よし、それではプラス思考とは何か、その中身を自分なりに徹底検証してみよう）と海堂は思い立った。若い仲間を集め、自ら「プラス思考研究会」を立ち上げたのである。

「さて、プラス思考とマイナス思考、その差は何なのだろう？」と海堂は口火を切った。

「もって生まれた性格にもよりますが、こういうことではないでしょうか」

答えたのはB二朗だった。なかなかの理論派である。B二朗が挙げたのは次のような事例だった。

「財布に一万円札が一枚だけあったとしましょう。そのとき『もう一万円しかない』と考える人はマイナス思考、『まだ一万円もある』と考える人はプラス思考……」

「なるほど」

「酒瓶の底に二センチほどお酒が残っているとき、『もうこれっぽっちか』と考える人はマイナス思考、『まだこれだけ残っている』と考える人はプラス思考。つまり『もう』と『まだ』の差ですよ」

「ホラ、株にも『〝もう〟は〝まだ〟なり、〝まだ〟は〝もう〟なり』って格言があるでしょ」

まぜっ返したのはC吾郎だった。なかなかの博識だが、すぐ知ったかぶりをするのが玉に傷の青年だ。

「つまりこういうことね。『できる、できる、できる！』とこだわる人がプラス思考、

『できない、できない、ダメだ！』とすぐあきらめる人がマイナス思考……」

そう言うF緒は、他人のセリフをいただいて自説にすり替えるチャッカリ屋さんだ。

「ウン。B二朗クンの言うとおりだ。では、その〝プラス思考のすすめ〟はオレたちに何を求めていると思う？」と海堂はみんなに訊《き》いた。

「それは『努力すること』だと思います。運頼みではなくて、『努力すれば報《むく》われる』と信じること」

答えたのはD美。良識派の代表と言える。

「でもねえ。努力、努力と言うけれど、この世の中、結構、運、不運がモノを言うんじゃない？　成功・不成功だってかなり運に左右されるとオレは思うな」

D美に反論したのはE太郎だった。よく理屈をこねる青年である。

「そりゃ幸運の星の下に生まれた人のほうが、不運を背負って生きている人より成功しやすいでしょう。でもいくら幸運に恵まれていても、努力しない人には幸運もささやきかけないと思います。むしろマイナスに作用してしまうんじゃないかしら？」

D美も負けてはいない。D美の主張はこうだ。

努力する人は幸運の助けがなくてもそれに見合う努力の成果を手にすることができる。努力の絶対的強みは、大成功はなくても一定の果実を手中にできるところにある。つまり、やっただけのものは報われる。その意味では長い目でみたとき、世の中はとても公平にできている。だから努力する自分がいちばん大切だ――と。

おそらく読書で勉強したのだろう。しかし、先人の受け売りにしてもその言い分は正論だ。海堂は言った。

「ウン。僕もその意見に賛成だな。**物事はやはり自信や確信をもって取り組むのと、疑問や迷いの中で取り組むのとでは、同じ能力であっても結果はまるきり違ってくる**と言うからな」

しかしE太郎は納得しない。

「そう言うけどさ、世の中、金持ちになりたいと一生懸命努力してがん張ったのに金持ちになれなかった人っていっぱいいるぜ。努力すればみんな億万長者になれるなんて甘いと思う。ただ単に思い込めばいいんですか？　って話さ」

D美も負けていない。

「成功者には、むしろ恵まれない環境の出身者が大勢いる。資産もなし、家柄もなし、学歴もなし。でも努力はした……」

「そりゃ当たり前だよ。だってさ、はじめから恵まれた人間というのは今さら成功する必要はない。親から引き継いだものを維持するだけでいいんだ。能力なんかなくてもいい。だから成功者と言われる人が恵まれない出身者から生まれるのは当たり前の話なんだよ」

いかにも理屈屋らしいE太郎の主張だった。

「細かい話だけど営業だってそうでしょ。何人かに断わられたらすぐメゲる人がふつう。努力、努力と言われてもね」

そこで、それまで沈黙を守っていたA一郎が口を開いた。A一郎は調査力に長けている。感情より事実の積み重ねで物事を判断するタイプである。

「実は今日、ゲストをお呼びしてある。ひとかどの成功者だ。ぜひ話を聞いてみようじゃないか」

登場したゲストは「本田」、と名乗った。年齢《とし》格好は四〇歳代前半。海堂のひと世代上だ。なるほど、若くして成功した人物だけに、その話しぶり、しぐさにも〝熱〟が感じられる。全身からほとばしるその熱意を自ら抑えるように、「本田」は話しはじめた。

「営業の経験のない人にね、いきなり営業をやらせて何人かに断わられると、それはメゲますよ。ほとんどの人が断わられたあと、やれって言われてもやらない、これを〝メゲルくん〟って言います。ただね、この仕事はこういう仕事なんだと、断わられて当たり前、理解してもらいたいじゃなくて理解してくれる人を見つける仕事なんだよという、最初の入り口をどれだけ教えるかで、その陥《おちい》りやすいものを取り除けるんですね」

つまりこういうことだと言う。

——結局、「思っただけでは成功しない」って否定しているから、成功しない。逆に「必ず真の思いは実現するんだ」と思い込む。そこからどんどん派生していって、「すべての現象は自分を中心に起こっているんだ」と思えるようになる。地球はあなたを中心に回っている。だからまずあなたが中心なんだと。他人を変えようとしてもダメなので、あなたからまず変わっていきましょう、と。

「僕は、**自分が人より恵まれた才能をもって生まれてきている**と思い込んでいます。ただ**それを自分のためだけに使って人生を終えるのか、それとも自分以外のために使って人生を終えるのか、僕は必ず後者のほうになりたい**と。

ただ奇麗事《きれいごと》は言わない。**自分のことが片付いていないのに、周りの人のことなんか絶対考えられない**と。**だから理想論じゃなくて、もっと自分のこと、自分の家族のことをおざなりにしないで先に片付ける。それが終わった後に、本当の意味の、自分や家族以外のことを考えられるようになる**んじゃないかと、そういう風にやってきましたね」

「本田」はさらに話を続けた。

「もちろん学生時代は逆でした。『なんてオレって運がないんだろう』って。で、その時に僕の親友が一人いるんですね。高校時代、そいつがいつも学年トップで僕が二番だったんですよ。そいつは本当に僕から見ていても『運がいいな、おまえは』っていうタイプの人間だった。

そこで高校を卒業したときに、僕は口に出したんです。『おまえって、本当に運がいいな』って。ところが返ってきた言葉が『そうだよ』って。『だってオレは自分のことを**いつも運がいい人間だと思っているから**』って。『おまえもそう思えばいいじゃん』って。その時に『なるほど』と感じ入ったのです。そこからは僕の運はいいです」

これは「本田」の体験談だろう。

「それ以来、僕は寝るとき、自分を主人公にして勝手にストーリーをつくって寝るようにしていたんですよ。変わってるでしょ。でも気持ちよく眠れるんです。（オレはすごい）とか、（こうなったらいいな）とか。だから**過程がいかに大変でも、到達点、目標がカラー写真であればがん張れる。ゴールがぼやけたり、白黒写真だったらゴールにはなかなかたどり着かない**」

「なかなか哲学的なお話ですね」とE太郎が口をはさんだ。

「で、あなたにはいわゆる『壁』というものはなかったんですか？」

「それはありましたよ。ただ人からみたら壁と思うかもしれませんが、僕は壁と思わないんです。壁があったら遠回りすればいい。兎とカメのカメです」

「なるほど」

「実はこれにはちょっとした心理的トリックがありましてね。僕はつねに三つの対応を考える。**一つは『最高、こうなったらいい』という目標を決めて、『そのためにはどうしたらいいか』、二つ目は『最悪、こうなったら嫌《いや》だな、そうならないためにはどうしていけばいいか』、三つ目、『最悪こうなったらいやだな、でもそうなってもいいようにするにはどうしておけばいい』**——と。

つねに最悪のケースを想定しているからそれ以上下がることはない。それでもダメだとすればそれは自分の気持ちの問題なんですよ。自分がその仕事に対して熱くならなければ、下がるだけなんです」

そして最後に「本田」は言った。

「僕は仕事に行き詰まったら、ウソでもいいからこう思い込むようにしているんです。**①この仕事はとても意義のある、すばらしい仕事である、②冷たく断わられたけど、お客さんを恨まない。逆に『このお客様はいい人だ、次は必ず買ってもらえる』、③**

自分にはこの仕事を必ず成し遂げる力がある――と」

「神頼み」もプラス思考のうち

「ところで神頼み、仏頼みというの、みんなどう思う？」と海堂が訊《き》いた。

「信仰とか宗教とか、堅苦しく考えなくてもいいんじゃないでしょうか。日本人は大《おお》らか。初詣では神社へ、クリスマスをタネにお酒を飲み、死んだら仏式で葬儀をやる。これも日本の伝統文化の一つです」――とB二朗。

「実はオレ、おみくじはここ二〇年以上必ず大吉なんだよ。だって**大吉が出るまで引き続ける**んだから。パッと見て大吉以外は読まない。木にくくりつけるだけ。大吉が出ると一年間財布に入れて持ち歩く」とC吾郎。

「それじゃまるでサギみたい」とD美。

「いいじゃないの。いいことは信じ、悪いことは忘れる。日本人は一年に一度だけ過去をすべて忘れる」――とE太郎。

「そして『今年こそいいことがありますように』と、私、**毎日が元旦だと思うことにしてる**の。毎日毎日、今日こそはいいことがありますように……」とチャッカリ屋のF緒。

「ウン。これは天海僧上に聞いた話だけど、その辺は戦国武将もなかなかチャッカリしていたようだな」と海堂が言った。

「たとえば武田信玄なんかはその筆頭《ひっとう》だと思う。神社に行って、『自分は日本の統一を図《はか》っている。ところが隣りの国にいらんやつがいて、そいつが邪魔する』と。謙信のことだな。『まことにけしからん。それについて易《えき》を立てて見たら、わしのほうが勝つという卦《け》が出た。だから今度の戦争にはわしに味方なさったほうがお得ですよ。味方して勝たせてくだされば、銭を五十貫寄進いたします』と、ぬけぬけと願文《がんもん》に書いて奉納する。隣りのお寺に行ったらまた同じ願文《がんもん》を奉納する」

「神、仏と取引するんですからすごいですね」

さすが理論派のB二朗も口あんぐりの体だ。

「真田一族の六文銭も、〝地獄の沙汰も金しだい〟という思考らしい。戦争ではたくさんの人を殺さざるを得ないだろう？　そこで自分が死んだら地獄へ行かざるを得ない。そのとき閻魔大王に袖《そで》の下をつかませる……」

海堂の解説に対して、A一郎がさらに解説を加えた。

「そこまではどうかと思いますが、私の調査ではあの六文銭は仏教で言う『六道《りくどう》』を表しているんですよ。『六道』とは『天』、『人』、『修羅』、『畜生』、『餓鬼《がき》』、『地獄』の六つ。つまり死後の世界です。その入口に立っているおばあさんに一文ずつ木戸銭《きどせん》を置いていく」

「そう言えば上杉謙信の『毘沙門天《びしゃもんてん》』の旗印は有名ね」とF緒。

「家康は『厭離穢土欣求浄土《おんりえどごんぐじょうど》』。やっぱり地獄でなく西方浄土《さいほうじょうど》に行きたいのね」とD美。

——話はどんどんはずむのであった。

「潜在意識」に働きかける〝自己暗示〟

「プラス思考とはつまるところ、〝自己暗示〟ということだな？」

と海堂が問いかける。

「自己暗示と言えば、僕はあの『十二番目の天使』を思い出しますよ。あれは感動ものだった。手術不可能な髄芽腫《ずいがしゅ》という先天性の脳腫瘍を背負った少年が主人公だからね」とC吾郎。

「少年ティモシーは野球が大好き。でもフライを追いかけるととんでもない方向に走っていくのね」とD美。

「脳腫瘍による平衡《へいこう》失調と複視《ふくし》が原因だったんだ。そのティモシーが、小さな胸を大きく張って両の拳《こぶし》を強く握りしめ、大声で叫ぶ。『毎日、毎日、あらゆる面で僕はどんどん良くなっているんです！』」とC太郎。

「さらに『絶対、絶対、絶対、絶対、絶対、絶対、あきらめるな！』。あのウィンストン・チャーチルがオックスフォード大学の卒業生に贈ったフレーズなんですって」

とD美。

「あの本の著者オグ・マンディーノは、フランスの心理療法学者、エミール・クーエが二十世紀初頭に書いた『意識的自己暗示による自己支配』という本を取り上げている。その中でクーエは、『**心身双方の病気のほとんどは、ポジティブな自己暗示によってきれいに取り除《のぞ》ける**』と断言している」とB二朗。

「正確に言うとこうだ」と、A一郎は調査マンらしく引用データを提供した。

「自己暗示……実にパワフルな、驚くべき道具です。そのパワー……単純なフレーズが持つ神秘のパワー……それを信じて唱《とな》え続けるだけで、誰もが奇跡的なことを成し遂げられるんです。そうやって、潜在意識を前向きな思いや言葉でプログラミングするだけで、私たちの誰もが、人生で奇跡を起こせるんです」

D美が同調した。

「そうそう。そして著者は、舞台回し役の弁護士ジョンにこう言わせているのね。

『このフレーズは、私の心を楽観的で希望に満ちた状態にいつも保ってくれていた。

私の心の姿勢は、どんなに厳しい状況の中でも常に前向きだった。自分は毎日成長しているんだ！　自分は必ず成功する！』――と」

「ということは、『思い込み』とか『自己暗示』の効果というのは、『潜在意識』に働きかけるから、ということだね？」と海堂が問題提起をした。

「そうです。**誰が何と言おうと自分を信じる強烈な信念、『必ずできる』という強烈な確信を潜在意識にスリ込む**ということです。潜在意識は、受け入れたものをすべて無差別に実現してしまうすごいパワーを持っているそうですから」

Ａ一郎が答える。

「それそれ。その潜在意識というやつを説明してもらおうかな。これはＡ一郎クンの分野だな」と海堂。

「人間の意識は、『顕在意識《けんざい》』と『潜在意識』の二つに分かれます。『顕在意識』は自分でコントロールできるもので、いわば〝**知能**〟です。すなわち理性とか道徳で自己規制する意識です。一方の『潜在意識』は、自分でコントロールすることができません。いわば〝**本能**〟で、そこには野性の衝動、食欲や性欲などむき出しの欲望、攻撃や防衛本能が隠されています」

「知能と本能の違いか。それじゃ潜在意識も大したことないじゃないか」と海堂。

「それが違うんですよ。**顕在意識には〝今〟（現在）しかありませんが、潜在意識は遠く人類発祥以来の全記録を残しているだけでなく、宇宙意識にまで連動していると**されているんですよ。宇宙意識は広大《こうだい》無辺《むへん》、しかも全能の存在ですから、したがって潜在意識に願望をスリ込むと、間違いなく叶うと……」

「それなら私も知っているわ」とF緒が口をはさんだ。

「人間の脳は、一番奥から脳幹《のうかん》、大脳辺縁系《だいのうへんえんけい》（旧皮質）、大脳皮質《だいのうひしつ》（新皮質）に分かれてるのよね。そして脳幹は〝爬虫類の脳〟、大脳辺縁系は〝原始哺乳類の脳〟、大脳皮質を〝新哺乳類〟、つまり〝ヒトの脳〟って言うんですよね」

「そう。もっと言えば脳幹の記憶はヒトが水中生物だった時代まで遡《さかのぼ》る。その証拠に、人間の胎児はまるで魚みたい。しかもその指には水かきがついている。成長の過程でその水かきがとれていくんですけどね」とB二朗。

「しかも、**顕在意識はたったの二〇％、あとの八〇％は潜在意識**なんですよね。そのくらいパワーが大きい」とC吾郎。

「なるほど。潜在意識の存在意義の大きさは分かった。ではその潜在意識をもっとも効果的に活用するにはどうしたらいいか？　その話をしよう」と海堂。

「それこそ**〝成功のイメージ〟を繰り返しスリ込むことでしょう。それも具体的なほどいい。自分が成功したときの姿、イメージを、できるだけ細部に渡って明確にすればするほど成功に近づく……**と」とA一郎。

「ああ、その話ね。本に書いてあった。『他人に向かってスラスラと絵に描いて見せることができるほどしっかりした夢を持つ』ことだって」とC吾郎。

　C吾郎の読書体験によると、その本にはこう書いてあったという。たとえば「お金が欲しい」と言う人に限って、ではいくら欲しいのかと具体的な金額を聞いてみると漠然としている。「家が欲しい」と言う人は、ではどのような場所に、いくらぐらいで、どんな大きさなのかを聞いても即座に明確な答えが返ってこない。

　本当に夢を実現させることのできる人は、こんな部屋のこんな椅子に座っていて、テーブルはこんなで、カーテンはこうで……と具体的にイメージして説明ができる

――と。

「それは実にわかりやすい説明だね。本当に先人はいいことをおっしゃっている」と海堂は感じた。

「そうか！　僕も今一つ悟りましたよ！　ホラ、人はよく『壁』にブチ当たると言うでしょう？　アレって結局、今、手をつけている仕事があまり好きではないからですよ。心の底、つまり潜在意識に（イヤだイヤだ、この仕事はやりたくない！）とスリ込んでしまっている……」とE太郎。

つまりこういうことだ。

この（イヤだ！）というイメージを消し去るためには、逆療法で（この仕事が好きだ、大好きだ）と念じる。（好きだ、好きだ）だけでは消しにくいので、（この仕事をやりとげたらオレは出世する）とか、（この仕事に成功したらボーナスがたんまり出る）などと、成功イメージを想像しながら（好きだ！）と唱える。

そうすると、潜在意識がこの願いを聞き届けてくれる。以前は（この仕事をする）と思っただけで気分が悪くなっていたのが、逆に気持ちがよくなる。気持ちがよくなると仕事がしたくなる。好循環。人間、好きなことには集中できる。ここを利用するのだ！

と、そこでＡ一郎が発言した。

「この辺でもう一人、新しいゲストをご紹介しましょう。この方は〝営業の鉄人〟と異名を取る方です。とても面白い営業の実践テクニックをお持ちになっていらっしゃる。相手の潜在意識に訴えかける会話術を駆使されている」

登場した「鉄人」氏は、アメリカン・グッズで全身を固めていた。実にユニークなファッションだ。

「鉄人」はにこやかな笑顔を浮かべていた。実に腰が低い。

「さっそく本題に入らせていただきますが、私が編み出して効果があったのが、**〝トーク・リバック〟の会話術**でした。トーク・リバックとは、商談を成功に導くキーワードを、会話の中にフラッシュバックのように折り込む技術です。よく〝リピート〟（繰り返し）と間違えられますが、**単純なリピートではなく、キーワードで攻めるの**

です」

リピートなら、たとえば「ぜひ付き合ってくれませんか」とか、「絶対にお得になるようにサービスしますよ」とかいう文言を、会話の途中で繰り返すことになる。でもこの場合は、文言が長すぎてかえって印象が薄くなるし、「その言葉はもう聞き飽きたよ」と反発されてしまうかも知れない。

「また『そうおっしゃいますが……』という切り返し話法も、あまり連発するとかえってイヤ味と受け取られます」

「よくわかります」と海堂。

「それでもニべもなく『間に合ってるよ』と言われたら、とりあえずは引き下がるしかありません。次のチャンスを狙いますが、話題を変えてスポーツとか芸能、世間話(事件・事故の話)などに振ったとき、相手が乗ってくるようだったらまだまだ十分目があります。

そこで話題の中にキーワードを折り込むのです。キーワードとは、たとえば『得する』とか『儲かる』、『決断』、あるいは相手が聞いて気分がよくなる『有能なリーダー』といったものです」

たとえばプロ野球の話なら、『昨夜の日本シリーズ、七回のチャンスでの、監督の代打の〝決断〟は見事でしたねぇ』とか、相撲の話なら『あのときの横綱の〝決断〟はなかなかのものでしたねえ』と、こういう具合に使うのだという。

相手は〝決断〟という言葉のフラッシュバックでマインド・コントロールされたような気分になり、（オレも決断しちゃおうか。よし、この会社と取引してみよう――）ということになる――というのである。

「ホンマかいな？」と思うかもしれないが、「鉄人」、この手で営業は打率六割というからすごい。

いずれにせよ言葉は大事なものだ。人が気合をこめて話すことを「吐く」と言う。「口」に「＋」（プラス）と「－」（マイナス）である。しかし、「叶う」のは「口」に「＋」（プラス）のみである。

成功のカギは「宇宙意識」とのコンタクト

「海堂さん。人間はこの右脳の能力を、たった一〇％しか使っていないそうですよ。海堂さんもその右脳を開発すれば、黙っていても成功者になれますよ」

とE太郎が言う。

「私たちにはまだまだ未開発能力、というか本来はもともと持ち合わせていた能力があるということですね」

B二朗が追い打ちをかけた。

「そのことはよくわかったのだが、ではどうやったら右脳を開発できるんだい？」と海堂。

「そうそう。それが最大の問題よ」とF緒。

「それはですね。宇宙意識とコンタクトすればいいんですよ」と、〝博識小僧〟のC吾郎が口を出した。

「で、その宇宙意識って何なの？」とD美。

「それは……」

「ホラ、またC吾郎さんの知ったかぶり。やっぱりA一郎さんの出番ね」

「いえ、この件に関しては僕も受け売りなんですよ」とA一郎。

「それでいい。説明してくれたまえ」と海堂。

「モノの本によると、宇宙にも意識があるというのです。そして宇宙は宇宙意識によって動いている。つまり人間を含む万物は宇宙意識から生まれた。だから万物はすべて、宇宙意識体の分身なのだ——というわけです。

したがって人間にも、宇宙的意識が宿っている。この意識は万物を生かす生命力であり、英知の力、そして英知力とは万物を知る全知全能の力であり、人間は潜在意識を通してこの宇宙意識と一体化すれば宇宙の情報、宇宙のアイデアを自由自在に使いこなすことができる——と」

B二朗が言った。

「そのことなら僕も読んだことがありますよ。つまり宇宙は情報の宝庫、一大情報センター。未知のアイデアに溢《あふ》れている。そのアイデアを〝ひらめき〟という形で受け取ることのできる人が、いわゆる〝天才〟と呼ばれている人たちだと」

理論派のB二朗説によると、あのアインシュタインがこう言っているという。

『ひらめきは理論的思考の延長上から生まれるものではない。論理や常識の壁を破ったところにひらめきがある』と。そのひらめきの結果を実験でトレースしてはじめて、「これだ！」という大発見や大発明が生まれる——というのである。

それればかりではない。宇宙意識と共鳴して宇宙情報がイメージとして浮かび上がってくると、**テレパシーや予知能力、直観力も得られる**——というのだ。

次はF緒の番だった。彼女は大の音楽ファンである。

「私も聞いたことがあるわ。マイケル・ジャクソンがね、以前こう言ったことがあるの。『自分の歌は自分で作ったものではなく、授《さず》けられたものだ。ある時は夢の中で言葉を授けられる。目が覚めるとそれをすぐ書き写す、また別のときには、突然言葉が聞こえてくる。それらの言葉は自分が考えたものではない。それはそこに置いてあったもので、自分はただそれを持ってきて世の中の人々に伝えるにすぎない』って」

Ｆ緒は話し続けた。

「それからジョン・レノンもそうよ。『自分の歌は天から授けられたものであり、その歌と自分自身の間には何の因果関係もない。自分は不完全で未熟な人間であるが、授けられた歌はすばらしく、決して自分が作った歌ではない』ってね。そのとき私にはなんのことだかその意味がよくわからなかったけど、今それがわかったわ。彼らが言っていたのは、宇宙意識のことだったのよ」

――そう言えばジョン・レノンは『イマジン』など星や空を詩にした歌が多かった。人間の脳は、天体の星行《しんこう》（星の動き）に支配され、宇宙の一部としてすべての波動にシンクロ（同調）する働きを持っているともいう。

「これは蛇足《だそく》かもしれませんが、潜在意識（無意識）の存在が考えられるようになったのは、そう古いことではありません。僕がせっかく調べたので、一応ご報告しておきたいと思います」

Ａ一郎は言った。その報告によると、潜在意識の発見は現在行われている催眠術の原型をつくった、オーストラリアの医師、フランツ・アントン・メスメルに始まるという。患者が催眠の中で前世の話とか現在の状況とは全く無関係な話を始めたのがきっかけだった。

これを学説として初めてうち出したのがジグムンド・フロイト。このフロイトの学説をさらに発展させ、「無意識（潜在意識）には個人の無意識と〝集合的無意識〟がある」としたのが、世界的な心理学者、グスタフ・ユングだった。

フロイトは無意識を単に個人の抑圧された記憶（トラウマなど）と考えたのだが、ユングはそうではなく、個人の無意識を超えたもの、お互いに引き合う共通意識がある――としたのだ。

さらにその後、深層心理学や脳の生理学的研究の成果として、この集合的無意識は〝宇宙意識の現れ〟であり、つまり人間の無意識の世界が宇宙意識とつながっているということが定説となっている――というのだ。さらに**宇宙意識の正体は「気」であり「波動」の形をとってこの地球上にも降り注いでいる**――ということになったのである。

「その昔、哲学者デカルトは、『科学は物質世界がすべてである』として、〝目に見えない〟意識の世界をことさら無視したんですよ。ところが現在では、意識の世界は厳《げん》然《ぜん》として存在する、しかも驚いたことに、超ミクロの世界では物質も意識も同じ性質の「波動」であることがわかったのです」

Ａ一郎の調査報告は続いた。

「科学が波動の存在を信じざるを得ない、ある重大な発明があったのです。それはＭＲＡ（共鳴磁場分析器）という計器でした。開発者は、アメリカのウエインストックという、二九歳の若き科学者です。この世のすべてのものにある共鳴磁場《きょうめいじば》を正確に測定し、グラフに表すことを可能にしたのです。その結果、人が催眠状態に入っているときの意識の深さまで測れるようになったといいます」

いや、そればかりではない。怒り、悲しみ、愛情、といった人間の感情の深さまで、まるで体温を計るようにたやすく数値化することができるようになった――というのである。

「なんだか難しい話になってきたなぁ」と海堂は顔をしかめた。

「いえいえ、海堂先輩。もっとわかりやすい話がありますよ。それは『流行とは、宇宙の気（波動）の流れであり、その気をつかまえればヒット商品を生むことができる』という話です」

　とE太郎が解説してくれた。

「そうそう。たくさんある『気』の中でも『人気』は、〝人の気〟と書きながら、人知のおよばない何かがある――という話ね」とF緒。

「ウンウン。それならよくわかるよ。オレも宇宙の気（波動）をたくさんつかまえることができれば、ビジネスの世界で大成功できる、と言うんだろう？」と海堂。

「そのとおり」と、全員が拍手をしたのであった。

　そのとき、「お言葉ですが……」とD美が言った。「もっと真面目な話だと思うんです」というのがD美の言い分だった。

「私は〝サムシング・グレート〟の存在を信じているんです。全能の創造主、宇宙のコントローラー、偉大なる何者かの存在……」

　なるほど、私たちはこれまで、宇宙意識の存在なんて気にもせず、考えもしなかった。人間が持つ意識の世界ですべてが解決できる――と過信していたのだ。でも人間の意識（科学）では割り切れないさまざまな現象が身近にたくさん起きてきて、私たちの宇宙観も変わりつつある。

「渡り鳥はなぜ、地図も計器もなく正確に飛行できるのでしょうか？」

D美が提起した素朴な疑問に、一同はシュンとなった。

なるほど、体の小さな鳥たちは、なんの装置がなくても遠くへ旅行する。北極圏に住む海鳥・キョクアジサシは、北極から南極まで縦断するが、その間、道を失ったりせず、正確に飛んでいくという。

鳥類が太陽や月を見て方向を探すのかという疑問を解決するため、科学者たちは鳥の目を覆《おお》って飛ばせてみたり、磁場を滑《すべ》らせた状態の空間を作って飛ばせたりしたが、それでも正確に方向をとらえたという。彼らには、先端技術も小さなコンパスさえもないが、自由に空を飛んでいる——というのだ。

ここまで言われると、なるほど創造主の存在を感じざるを得ない。

「で、D美クンは結局、何を言いたいの？」と海堂は訊いた。

「**宇宙創造の原理は〝愛〟と〝慈悲〟**——ということよ。人生いくら成功を目指すとしても、愛と慈悲がなかったならそんな成功は無意味だ、ということね」

「やはりそこに来たか……」と海堂は唸《うな》った。しかし、それも否定し得ない事実である。

（オレも気を引き締めなければ！）と、海堂はつくづく思うのであった。

プラス思考はもう古い（？）「恬淡虚無《てんたんきょむ》」の境地

ある日、海堂は一冊の本を読んだ。そしてあるフレーズに目が釘付《くぎづ》けになった。そこにはこう書いてあった。「プラス思考はもう古い！」――と。

その本の著者は漢方医であった。

その説くところは、「漢方・陰陽の思想からいけば、プラス思考の対極にはマイナス思考がある。プラス思考は確かに大切だが、しかしあまりこだわりすぎると、つまり**無理矢理プラス思考にもっていこうと力むと、かえって心が囚《とら》われ、逆にマイナス思考になってしまう**」ということである。

（ポジティブ・シンキングと言えば聞こえはいいが、真実はこういうことだったのか？）と海堂は感じた。

そして著者は、『恬淡虚無《てんたんきょむ》』の境地を説いていた。その内容はこういうことだった。

「漢方の世界では、『健全なる精神に、健全なる肉体が宿る』と教えています。オリンピックのクーベルタン男爵が言った、『健全なる肉体に、健全なる精神が宿る』とは正反対です。ここで言う**『健全なる精神』とは、すなわち『恬淡虚無』**です。『恬淡虚無』とは、老荘の言葉を借りれば『無為《むい》』、易経《えききょう》の言葉を借りれば『太極《たいきょく》』です。つまり**『こだわりのない心』、『とらわれのない心』の境地です**」

出典は、漢方医学最古の原典『黄帝内経《こうていだいけい》』の一節だという。

今から五〇〇〇年ほど前、新石器時代を迎えていた中国に、〝伝説の皇帝〟軒轅《けんえん》こと黄帝《こうてい》と称される人物が出た。この人はもう一人の伝説の皇帝・炎帝《えんてい》と戦って勝ち、中国の地に一つの覇権《はけん》を形成した。

この炎帝（またの名を神農帝《しんのうてい》）は薬学の祖とあがめられている人物で、彼は深山幽谷《しんざんゆうこく》から天然の薬草を採取する術にたけ、これを病気・ケガの領民に与えてとても喜ばれたという。

続いて黄帝は、薬草学だけでなく人体の生理、病理も研究させた。その成果をまとめたのが『黄帝内経』である。鍼灸《しんきゅう》医療にも触れている。その「素問編《そもんへん》」にこうある。

「恬淡虚無なれば真気《しんき》これに従い、精神内《うち》に守る。病いずくんぞ従いきたらん」――と。

そのココロは、「恬淡虚無であれば、血液がくまなく循環してエネルギーが満ちる。するとも精と神が内を守ることになる。そうすればどうして病気などになろうか」ということだ。

そしてこの『恬淡虚無』という言葉を、単に病気用でなく、「無為」、「太極」という哲学のレベルまで上げたのが老子・荘子であり、易経《えききょう》であった。すなわち『恬淡虚無』とは絶対的な無の世界であり、無為の姿である。言い換えれば、目的に対して集中できる世界でもあり、同時に大安心、つまり本当の意味でのプラス思考の世界なのだ――というのである。

(これだ!)と海堂は叫んだ。(できる、できないの問題ではない。この境地に少しでも近づく努力をすること、それがすなわちプラス思考なのだ!)――と!

第4ステップの教えの実践

「プラス思考」は、いわゆる『成功法則本』の定番メニューである。ポジティブ・シンキングとも言う。海堂がこれまで、いつも前向きにひた走ってきたのもその影響が強い。

しかし、勤務先の倒産・失業という厳しい現実に直面したとき、海堂の胸中にこれまで「金科玉条《きんかぎょくじょう》」としてきた「プラス思考」に対する疑念が湧《わ》いてきた。

人の生き方として、「プラス思考」だけですべての問題が解決できるのだろうか？　プラス思考にこだわること自体が、つまり「マイナス思考」ではないのか？

その疑問を解消すべく、海堂は仲間うちの若者を集めて研究会を開いた。その内容が第4ステップの「ディスカッションの時間」である。そしてそこから導き出された結論は……。

「プラス思考」でも「マイナス思考」でもない〝完全中立〟の場があることを海堂は

知った。古代中国の哲学者、老子・荘子が唱えた〝無〟の境地、「恬淡虚無《てんたんきょむ》」がそれである。禅の心に通じている。

海堂は「プラス思考」を捨てた。プラスでもマイナスでもない、とらわれのない境地が海堂の理想になった。

そしてその境地に入る手段の習得のため、海堂は座禅道場に通うことにした。目的は「瞑想」である。海堂はこれまで我流で瞑想を行ってきたが、「瞑想は、潜在意識を揺り動かして宇宙意識とコンタクトする、唯一の方法論である」ということを学び、本格的に習ってみる気になったのである。

この「瞑想」は、右脳の「共振・共鳴装置」を活動させることにもつながる。この装置こそ、宇宙意識を受け入れる窓口であるからだ。私たち〝ふつうの人間〟は、自ら備えている右脳の潜在能力の一〇％も使っていないという。ここはぜひとも「右脳力」をつけなければならない——と海堂は痛感していた。

そういえば、「マーフィーの成功法則」で有名なマーフィー博士の教えの『成功法則本』も、煎《せん》じ詰めればすべてこの潜在能力の掘り起こしを説《と》いているのだった……。

第5ステップ「信義」 講師 華僑《かきょう》大富豪（王大人《わんたいじん》）

〈第5ステップの主な内容〉

様々な師匠から教えを受けてきた海堂は、ここで香港行きを命じられる。そこで華僑《かきょう》の大富豪王大人《わんたいじん》に出会い、華僑の歴史に裏打ちされた貴重な教えを伝授される。すなわち、〃お金がお金を呼ぶ〃本当のお金の使い方とその極意である。

ひと口に「華僑の商法」と言ってもその間口は広い。「上有政策《じょうゆうせいさく》、我有対策《がゆうたいさく》」の〃袖の下〃作戦から、「ホメるのはタダ」の商売の知恵、信義第一の人づき合い等々、面白くてタメになるとっておきの秘策の数々……。

よく、「華僑社会に〃金儲けの本〃はない」と言われる。それは彼らの血の中に染みついた伝統だからだ。

お金はすぐ消える――使い方が勝負

海堂は香港にいた。久し振りの訪問だ。師匠たちから「是非行くように」という指示があったのだ。海堂は下町が好きだ。どこの国へ行っても、海堂の足はガイド本が伝える観光コースからはずれ、裏街や路地裏へと向かう。

今回もそうだった。九龍城《くーろんじょう》に近い、とあるストリート。その路上で海堂は不思議な老人と出会った。路上にゴザを敷き、安物のアクセサリーを道行く人々に売っていたのである。服装も、お世辞にもきれいとは言えない。

しかし、なぜか並べられたアクセサリーの一つが海堂の気を引いた。手に取ってジッと眺めていると、老人が流暢《りゅうちょう》な日本語で話しかけてきた。

「キミ、いい目をしているじゃないか？　気に入ったよ。何かご馳走をしようじゃないか。ついてくるかい？」

突然の申し出に海堂はどぎまぎした。相手は初対面である。あまりのうまい話に、相手の意図《いと》をはかりかねたのである。（ここでOKと言うと、もしかしたら九龍城の迷路に連れ込まれて、海賊船にでも乗せられるのかもしれない……）。その意味では海堂は、海賊の仲間入りをするのに十分なほどの丈夫な骨格をしている。

しかし、海堂は即座に決断した。馬には乗ってみよ、犬の肉もまずは食べてみよ……である。それに、今の海堂の境遇に人選びをする余裕はない。人生の新しい展開を求めて、積極進取《せっきょくしんしゅ》の時である。

それに、この人物に何か得も言われぬものを感じていた。衣服は粗末だが、どことなく漂《ただよ》っている人生の余裕、もっと言えば〝成功の香り〟を海堂は嗅《か》ぎ取ったのである。

「ホントによろしいんですか？」

「よろしい」

短く言った老人は、そそくさと品物をまとめた。商品を売ることにあまりこだわりはないらしい。

連れて行かれた店で、海堂はびっくりした。日本の観光ガイドブックでも有名な超高級広東料理の店ではないか！　そしてさらに驚かされたのは、うやうやしく老人を出迎えるウェイターたちの態度である。と思うと、すぐさま奥から年配の給仕長が飛んできた。よほどの常連客なのだろう。

「老板《らおばん》、どうぞこちらへ」

海堂のとぼしい知識では、「老板」とは社長のことである。

その夜、海堂は山海の珍味を味わった。満漢全席《まんかんぜんせき》風の、いわゆる裏メニューだ。おそらく支払いはかなりの金額になることだろう。

「今夜は私の家に泊まっていけ」と老人は言った。その家は、香港競馬場を眼下に臨《のぞ》む高層マンションであった。朝の光の中で、あたり一面の緑が目にしみた。そして謎の老人の正体がわかった。

九龍に二〇階建てのビルを持ち、その一階で宝石店を経営する大金持ちである。

もともとはストリートに安っぽい装飾品の露店を構えていたのだが、小金を貯めて小さな店を持ち、それが次々に成功してビルまで持ってしまった。いわば華僑立志伝中の人物だったのだ。

「名前か？　王《わん》でよろしい」

「では王大人《わんたいじん》、あなたのような人がなぜ今も露店を？」

「ああ、あれか。あれは私のノスタルジーでな。家族も反対しておるのじゃが、昔の苦労を忘れないために……と。今じゃ毎日の習慣になってしまったのじゃよ」

「さっき、タクシー代を値切っていましたね？」

自宅までタクシーを利用した王大人は、その料金のことで運転手とやり合っていた。

（大金持ちがなんで小銭のことでモメているのか？）と海堂は不思議だった。

「ああ、あれか。あれはな、**『大盤振る舞いをしたあとは小銭をケチれ』という華僑の教え**を実践したまでじゃ」

海堂にとっては、本当に驚くことばかりだった。しかし王大人はたたみかけてきた。

「きょうは〝格言問答〟をやろう」

「格言問答？」

「そう。キミはお金にまつわる中国の格言を、ずいぶんと勉強したそうだな？」

「なぜそんなことまで？」

「キミが知っている格言をいくつか挙げて見給え」

「金があれば、鬼に臼《うす》を引かせることもできる」

海堂は即座に言った。この格言の意味はこういうことだ。

中国の臼《うす》は、ロバに引かせるくらい大きいが、お金さえあれば地獄の鬼でさえ買収して肉体労働をさせることができる。日本で言う「地獄の沙汰も金しだい」と同義語である。

「なるほど。でも『金があっても命は買えない』というのもあるぞ」と王大人。

「『お金があれば、格が三段上がる』というのもありますよ?」

「それなら、『金があっても弔問客《ちょうもんきゃく》は買えない』と言う」と王人人。

海堂はさらに言いつのった。

「ではこういうのはどうです?『貧乏なら、繁華街に住んでいても誰も来ないが、お金持ちなら、どんな山の中に住んでいても人は訪ねてくる』」

「『お金は死んだ宝、人は生きた宝』とも言うな。要するに私が言いたいことは、〝**お金がすべてではない**〟ということじゃ。それからもう一つ、お金は稼いでも稼いでも気をつけないとすぐ消えてしまう、ということだな。キミ、『銭は四つ足、人は二本足』という格言を知っているかな?」

――四つ足と二本足が競争すれば、四つ足のほうが圧倒的に速い道理だ。そのくらい、おアシの逃げ足は速いという諺である。王大人は続けた。

「『苦労したお金は万年続き、欺《だま》したお金は淡雪《あわゆき》の如し』、『よこしまなお金は年を越せない。頑張ったお金は万年残る』とも言う。要するに金だけを追って守銭奴《しゅせんど》になってはいけないということだ」

そう言えば、華僑は大金持ちになると自分の田舎に学校を建てたり、道路を作ったりする。行政には頼らない。

「つまりお金の使い方が問題なのじゃ。**ケチるところはトコトンケチる。でも使うところは思い切りよく使う。このバランスが大事**なのじゃ。貯めるばかりで金を使わない人は、どこに行っても嫌われる」

そう言って王大人が海堂に教示した一例はこういうことだった。

たとえば贈り物をしなければならないような義理ができたとする。相手が成人の男性でしかも酒好き。そこでお酒を贈ることにする。そういうとき、まずわが家を調べ、〝到来物《とうらいもの》〟のブランデーを一本探し出す。それを酒屋さんに持っていき、「これと同じものを一本買いますワ。で、これと一緒に二本にして箱詰めしてくださいな」。

「その代わり私らは、結婚式は盛大にやる。有り金はたいても可能な限り立派にするのが華僑流じゃ。それから親の葬式にも金をかける。それこそ女房を質に入れてもな。ということは、他人の祝儀、不祝儀《ぶしゅうぎ》にはバーンと張り込む」

「それが〝器〟の証明なんですね？」

「そのとおり。だから私たちは祭りの寄付も盛大に出す。たくさん出すと、掲示板の一番上に大きな字で名前が出る。地域の人に名前を知ってもらえるし、尊敬もされる。広告代と同じじゃ。少々出すくらいならむしろ出さないほうがいい。かえってケチと思われて馬鹿にされるからな」

同じように災害に寄付、病院に寄付、お年寄りに寄付、孤児に寄付、教育に寄付……。〝情《なさけ》は人のためならず〟ということもあるが、ホンネはあくまでも身すぎ、世すぎの知恵……だと言うのである。

「ただし、**お金が貯まっても決して他人に見せびらかしちゃいけないよ。貧乏な人間がお金を持つと、とたんにうれしくなって人に自慢したくなる。**大金の入った財布《さいふ》を見せびらかす。狙われるもとじゃ。だから私たちは財布を必ず二つ持つ。一つには大金を入れて腹巻に、もう一つには小銭を入れてポケットに。強盗に遭《あ》ったら小銭入りのほうの財布を渡すのさ」

なるほど、華僑のみなさんが住んでいるところはすべて外国だ。そうでなくても華僑は狙われる。ロールスロイスに乗って毛皮の襟巻きをして、いかにも「成金ですよ」と見せびらかすのはコンプレックスの裏返しだ、と言うのである。

マレーシアにいた伝説の大富豪は、屋台のコーヒー屋から叩き上げて煙草販売会社のオーナーにまで昇りつめたが、裕福になったあとも「苦力」（クーリー＝日雇い労務者）の格好をし、労働に励んでいたという。

この大富豪、一生の間でネクタイを締めたのはたった三度だけ。自分の結婚式と、二人の子どもの結婚式のとき。そんな大富豪の唯一の趣味は女道楽。奥さん以外に六人のお妾《めかけ》さんがいたが、みんな一つ屋根の下で暮らしていた。理由は簡単。お手伝いさんや女子従業員を雇う必要がない！

情報こそ生命――金を惜《お》しむな

ビジネスの成功には、情報が必要である。ユダヤ人も華僑も、ボーダレスなネットワークをフル回転させている。

「私たちは情報をとても大事にする。**情報収集にはすごく力を入れる。そのためには巨額の出費もいとわん**のだ。でも日本人は違うな。情報やアイデアに対価を払わん。せいぜい食事をご馳走するか、酒を一杯飲ませて終わり。その点私たちは、いい話、儲け話を聞いたらそれだけで現金を払う。『儲かったら払う』なんてケチなことも言わんよ」

考えてみれば**〝情報〟も立派な商品**だ。情報を仕入れるということは、商品を仕入れるのと同じことである。でも日本人はその商品をタダで仕入れようとする。王大人に言わせれば虫のいい話なのだ。「安全と水と情報はタダ」の習慣にどっぷり漬《つ》かっている日本人ならではである。

「だからキミは、情報に金を惜《お》しんではならんのだよ」

「ハイ。よくわかりました」

「その代わり私らは、タダで得た情報はう呑《の》みにしない。色目鏡をかけて見る。裏に何があるかわからん。ライバルが仕掛けた謀略《ぼうりゃく》かもしれん」

「用心深いんですね」

「それは当たり前じゃ。この用心深さがなければ、私たち華僑は外国で生き残れん」

また華僑は、**どんなに「成功間違いなし」という確率の高い話でも一〇〇%信用しないという。必ず一〇%の〝疑いの目〟、〝冷めた目〟を持つという。**華僑流のリスク管理である。

「この〝情報〟は儲け話に限らん。むしろ治安情報が大切なのじゃ。金を儲けると、日本で取りにくるのは税務署だけだが、外国では税務署のほかに警察官、マフィア、強盗、誘拐犯……とまとめて狙われる。だから我々はお互い、会合にはこまめに出席して情報を交換する」

——華僑世界には『グレイハウンドの法則』というのがあるという。

華僑ははじめ、布団と鍋と傘だけ持って故郷を出る。布団があれば橋の下でも寝られるし、鍋を持っていれば自炊できる。傘があれば雨をしのげる。

一生懸命働いて店を持ち、庭付きの一軒家に住めるようになる。そこで華僑は番犬を飼う。華僑の好きな犬がグレイハウンド。これが金持ち街道の出発点だ。「白手起家（パイソーチーチャ）」（徒手空拳《としゅくうけん》で家を興《おこ》す）の始まりである。

家を持っても、自分たちは最初からはそこに住まない。日本人は新しい家を買うとすぐそこに住みたがるが、華僑はまず人に貸して家賃を取る。二軒目を手に入れたら、はじめて古いほうに住んでまた次の家を貸す。これも彼らの治安対策の一つなのである。

そしてもっと大金持ちになると、強盗団や誘拐団に狙われる。そこで地元の警察やギャング団を買収する。人間をグレイハウンドにするのだ。これが人言うところの**『グレイハウンドの法則』**。

また華僑は、情報を味方からだけではなくて、むしろ敵から取る。敵に近づいて取る。なぜか？　味方からばかり聞いていると、いつもいい話ばかりだから……。いずれにしても海堂にとっては驚くべき話ばかりであった。

「日常のビジネスだってそうだろう。初めての人と面談するときは、相手についての情報をできるだけたくさん集めるのは常識じゃろ？」

「それはそうですが……」

「考えていてもどうにもならん。実行あるのみじゃ。つまり提供される情報をただ集めているだけではとても成功はおぼつかない。情報は必ず自分から取りにいく姿勢が大切だ」――というのである。

自分から取りにいくとは、「行動的であれ」ということだ。今アメリカでもっとも注目されている能力開発の専門家A・ロビンスは、成功者に共通する特徴として「**ずば抜けた成功者が平均的な人間より優《すぐ》れているのは、行動を起こす能力である**」と言っている。

情報という誰でも手に入れられる武器を、待つのではなく積極的に取りにいく姿勢を持てば、人より早く豊富な情報を手に入れられる。そのことがますます自分に自信をつけさせ、周囲の人間を納得させる自分をつくってくれる――というのだ。

「で、キミなら初対面の人と会う時どんな情報を集めるかね？」

「そうですね。どんな情報をとるかというと、まず出身地、生年月日、学歴、家族関係……。どれも、会話をうまくはずませる材料でしょう。それにあとから役に立ちます。どうしてかというと、相手の結婚記念日や奥様の誕生日、あるいはお子さんの入学、卒業祝いの日がわかるからです。そのタイミングに合わせて適当なプレゼントを贈る」

「ウン。よくわかっておる。それからもう一つ、大事なことがある。それは相手の趣味とか、今興味を持っていることを突き止めることじゃ。これは相手にとっても確実に好きな話題だからすぐ話に熱が入ってくる。気難しい商談相手が同好の士になり、やがて駆け引きのない友人関係になってくるというものじゃ」

ではどうやって情報を集めるか？

「まず間口《まぐち》を広げることじゃ。一般の新聞・雑誌、専門書や専門分野の雑誌、TV、広告……。すべてが情報源になる。つまり情報の仕入れ先は無限だ。ただ、〝その気〟

がなければせっかくの情報も逃げる」

「〝その気〟とはどういうことでしょう？」と海堂が訊《き》いた。

「〝その気〟とは、情報を有効活用して利益（お金）につなげる――という意志のことじゃよ。その意志がないビジネスマンは、この道で成功することは覚束《おぼつか》ない。巷《ちまた》に洪水のごとく溢《あふ》れている情報の中から、**〝自分にとって利益になる情報〟を取捨《しゅしゃ》選択する技術**、これが私の言う〝その気〟じゃ」

要するに、野球でいえばストライクゾーンをできるだけ広く持つということ。またいろいろな球の種類を持つこと。そういう努力を積み重ねていけば、引き出しの多い人間になれる。それによって**対人センス、臨機応変、状況判断、柔軟発想が磨かれる**――ということになる。

「それに**〝情報〟はすぐ古くなる。絶えず新鮮な情報を入れ替える**作業になる。そしていいかい、最後にキミに華僑の秘伝を一つだけ伝授しておこう。それはな、勝負に入る前に、その勝負で勝てるか負けるか――を判断することじゃ」

そして「勝てる、勝てる確率が高い」とわかったときに勝負に出る。もっとわかりやすく言えば、**〝負ける勝負はしない〟**ということだ。**この「勝つか、負けるか」を見極める〝目〟を養う努力が大切。そしてこの〝目〟を養ってくれるのが、人間関係と情報量である**――と王大人は言うのだった。

「いいか、これだけはぜひ記憶しておいてもらいたい。**『頭が良い』とは、決して知識量が多いとか記憶力があるということではない。〝判断力がある〟ということ**なのじゃ。私とキミの決定的な違いはここにある」

「ありがとうございました！」

海堂は深々と頭を下げるしかなかった。

ハートをつかめ！〝人が勝負〟の華僑商法

「キミに今、『新しい商売をしたいので一〇〇〇万円貸してくれ』と言って、ポイと出してくれる友だちがおるかな？　あるいはキミが末期ガンになったとして、奥《タイタイ》さんのこと、子どもたちのことを託せる友だちがいるかな？　いるとしたら最高じゃ。それこそ本当の朋友《ポンユウ》というものだからな」

王大人は例によって、茶目っけたっぷりな眼差しを海堂に向けながら言った。

「**証文なしで一億円の金を貸す。これが華僑の商法**じゃよ。証文《しょうもん》やハンコ、保証人、そんなものいくらあったって、返さん人間は返さんで逃げる」

でも朋友にならそれができる。その代わり朋友になるには時間がかかる。華僑が一人の人間を心から信用するには、最低一〇年はかかる……という話もある。しかしひとたび朋友になることができれば、たとえ何事が起ころうが事業に失敗して落ちぶれようが、お互い、トコトン面倒を見る。

もしその信頼関係を裏切る人間が出たら……。金を貸したほうは「没法子《メイファーズ》」と肩をすくめる。「仕方ないさ」ということだ。**裏切られたことは自分の恥だと考える。**裏切られたことを愚痴るのは恥の上塗りなのだという。

では裏切り得か？　そうはいかない。華僑の間では、**信頼を裏切ったらその土地では二度と生きていけない。**だから華僑の世界では、不渡り手形というものがない。口約束は、契約したと同じくらいの重みを持つ。華僑は〝人間〟を見るのである。

「それに、私たちの世界では指揮官はつねに先頭に立つ。いくら大金持ちになってもそれは変わらない。社長室でフンゾリ返るというようなことはないのだ」

――なるほど。ちょっと気の利いた中華料理店にいくと、老板《ラオバン》（社長）がドアボーイをやっている。客が来ると自ら席に案内し、「あー、お客さん、いらっしゃいませ。いつもお世話になってます」――相手はむろん一見《いちげん》の客である。

そして同伴客がいれば、「やァお客さん、この人、舌が肥えてるよ」と上座の客をホメる。常連客扱いをしてくれたことで、客は気分がいい。それに「舌が肥えてるよ」と言われた手前、安い料理は注文できない気分になる。ヤキそばに餃子のつもりで来ても、つい海老のチリソースか肉料理の一つも頼んでしまう。

追い討ちにビールの一本もサービスすれば、同伴の客だって、「○○さん、すごいじゃないの。さすが顔だねえ」とホメてくれる。華僑はこれをやる。客は気分がいいから必ずまた来る。

「人はいくらホメてもタダね。ホメて儲かるならワタシ、いくらでもホメるよ」――と老板。本当に華僑はホメ上手なのだ。ホメ上手は商売上手である。

経営トップがいつも店先（現場）にいることは、別のメリットもある。客の質問に即座に対応できる。もしクレームがついてトラブルになっても、その場で処理できる。トラブルというのは、下っ端が出るとまとまらない——とはよく言われる。でもトップが出てきて謝れば、相手に別の悪意がない限りほとんどまとまる。ところが普通の日本の店屋さんだったら、今日雇ったばかりのアルバイトでも店の最前線に出す。だからお客が何か質問してもわからない。お店にとってもマイナスだ。

それから華僑はサービスが習慣として身についている。たとえばタバコを吸うとき、必ず両隣りの人に「タバコ、いかがですか？」とすすめてから自分が吸う。ところが日本人はヘンに気を回す。（この人は禁煙しているかもしれない……）

でも華僑の考え方は違うという。「我々は今、一心同体になろうとしている。人間関係の義理人情を非常に大事にする時に、勝手に自分だけタバコを吸う人間というのはとても信用できない……」と。

それからビールやお酒を注ぐ時も、中国人は必ず客から注いでそのあと自分が注ぐ。料理もそう。中華料理では、自分のを先にとらないで、ほかの人のを取ってあげて、最後に自分が取って食べる。物を売るときも、一つ買ってくれたら必ず何かサービスをつける。

中国社会では、「あなたの足許には黄金が埋まっている」という格言があるそうだ。たとえ足許に黄金が落ちていても、威張ってそっくり返っていては拾えない。頭を下げ、腰をかがめるからこそ足許の黄金を拾い上げることができる。つまりサービス精神を言っている。

海堂はまた一つ勉強になった思いだった。

華僑式危機管理は〝袖の下〟作戦

華僑社会には、「合情、合理、合法」という言葉があるという。つまり何かを判断するとき、それが**人の情に合っているか、理屈に合っているか、そして規則（法律）に合っているか**――で考える、というのである。

このうち**何を一番重んじるかというと、合情。次に合理。そして最後に合法の順。**

人の情に合っていれば、理屈や規則はどうにでも解釈できる——それが華僑の伝統的な考え方だという。

さらに「上有政策《じょうゆうせいさく》、我有政策《がゆうせいさく》」という言葉もある。〝お上〟が何か決めたら、民間はそれに対して対策を練《ね》る。ありていに言えば、いかにワイロをつかませてだまくらかすか。税金をチャンと納めるより、担当官を買収したほうが安くつく。そういう国だという。

中国に限らず東南アジアでは、何かやろうとすると必ず〝お役人〟がシャシャリ出てくる。

まず最初に難クセをつける。それで昨日ＯＫだったものが、きょうはノー。条件を変えてくる。こんなことは日常茶飯事。〝朝令暮改《ちょうれいぼかい》〟など、朝メシ前だという。ちょっと前まで、中国にビジネス進出した日本人がこの手で痛めつけられた。

「日本では役人が職権を利用してタカるということは原則としてないじゃろう。しかし中国や東南アジアの役所では、役人が一〇〇人いたら一〇〇人がタカると思っていい。役人になったということは、汚職をする地位に就《つ》いたということと同義語なのじゃからな」

日本人ならすぐ腹を立てるところだが、華僑ならそのへんのコツは充分に心得ている。つまりふだんから〝袖《そで》の下〟を出しておく——というのである。

「私ら華僑の世界では、これを『上香《シャンシャン》』と言う。〝お線香を上げる〟という意味じゃ。つまりは役人は私らにとっては生き仏、というわけじゃ。そのくらいやつらは強い権限を持っておる」

袖の下を渡して双方めでたしめでたし、シャンシャンシャンと手打ちする。

「『火がよく通れば、豚の頭もとろける』という諺《ことわざ》もある。豚の頭は固くてなかなか煮えない。役人も頭が固い。でもお金を使って火の通りをよくすれば、固い頭もすぐとろける、という意味じゃ」と王大人。

華僑の人たちというのは本当にうまいことを言うものだ。

「そこで私たちはな、日ごろから**『三・三・四の法則』**というものを使っておる。つまり一〇万円儲けたら、それを全部フトコロに入れようとしない。まず三万円は仕事をくれた発注先、あるいは儲けさせてくれた人にキックバック（還元）する。『あなたのおかげで儲かりました』となｰ」


「それが最初の『三』ですね」

「そう。そして次の三万円は役人のタカリ対策、つまり袖の下用と税金用にストックしておく。残りの四万円を自分がもらう」

「なるほど。役人対策は大きいですね。でも大人、最初の『三』、つまりキックバック用が大きすぎませんか？　僕には出しすぎのように思えるんですが……」

「そこがキミたちと私らの違うところよ。日本人はこのキックバックをケチるから次の仕事がこない。相手も儲かる、周りも潤《うるお》う、自分も得する、これで次の仕事がくる。誰も妨害しない。めでたし、めでたし。キミのお国にも似たような話があるが、あれは〝三方一両損《さんぽういちりょうぞん》〟で得することはないがな、ワッハッハ」

　王大人が初めて笑った。なるほど、役人も含めてすべて〝友だちの輪〟に組み込んでしまうわけだ。

（華僑の商法はやはり鋭い！）と、海堂は思わざるを得なかった。

「とにかくすべては生活の知恵よ。というのは、どこの国のお役所も華僑を助けてはくれない。そういう社会で生き抜くためには、**徹底した〝自己責任〟**でいくしかないのじゃ。たとえば日本では、酒に酔って路上に寝てれば行政が保護してくれる。救急車で病院まで運んでくれる。中国人やユダヤ人は、酔っぱらって道路にひっくり返っていたら、身ぐるみはがされて殺されても文句は言えない」

その点、日本は本当にいい国だ。

「アメリカではホームレスが威張っておる。『これは政府の責任だ、政府が何かすべきだ』とな。こんなのは社会が守ってくれるという甘えじゃ。中国人もユダヤ人も絶対にホームレスにはならない」

言われてみればそのとおりだ。海堂も中国人社会でホームレスにお目にかかったことはない。

「こういう自己責任の世界では、結局、最後にモノを言うのは血縁の絆《きずな》じゃ。アラブ社会は部族社会と言われておるが、私たちも直系の血族をまず固めていく。一種の部族社会のようなもんじゃな」

華僑社会の理想は**「福・禄・寿」**だという。「福」はお金がいっぱい、「禄」は高い地位・肩書、「寿」は健康で長生き。福・禄・寿で子孫がいっぱい繁栄して部族を守っていく。

「だから華僑はたくさん子どもを産むのじゃ。これを私たちは〝保険をかける〟と言っておる。一族郎党《いちぞくろうとう》の繁栄のための保険なんじゃ」

この〝保険つなぎ〟は気宇壮大《きうそうだい》だ。自分たちの住んでいる国が、いつ政変で没落するかもしれない。国有化で財産を没収されてしまうかもしれない。そのため、たとえば長男をアメリカに留学させると長女は英国に嫁《とつ》がせる、二男は日本に住まわせる。どこの国で何があっても一家が自在に移住できるように、リスクを分散させているのである。つねに最悪の場合に備えている。

また男の子が三人いれば、一番頭のいい子に親のビジネスを継がせ、二番目を役人に、三番目を軍人にする——とも言う。もし正妻がこれ以上子どもを産めないとなると、第二夫人をつくって子どもをつくる。これは彼らが好色だからではなくて、華僑流〝保険つなぎ〟なのである。

「保険と言えば、私たちはたとえば二つの陣営が争っている場合、どちらかの陣営に全面的に肩入れするということはしない。一方が決定的に有利だとわかっていても、万々が一に備えてもう一方にも支援金を出しておくのじゃ」

両方に保険をかける。見事なものだ。

そして華僑はまた教育熱心だ。親は借金をしてでもわが子を最高学府まで学ばせる。いや、教育費用に限っては、仲間内でお金を融通し合うシステムができているという。この教育重視の姿勢こそ、華僑の成功の秘訣であることは間違いない。

その代わり、華僑社会での〝子育て〟は厳しい。幼少時代からサバイバル教育を受ける。親の家業を助けるのは当たり前、買い物に行けば値切りの交渉術を覚えさせられる。値切った分が子どもの小遣いになる。お駄賃の額をはじめから決めるのではなく、本人の腕しだい……というところがまさに華僑流ではないか。

このように、華僑の子どもたちは小さいときからお金のありがたさと運用の難しさを実地教育される。子どもにはお金を上げるのではなく貸し金にし、チャンと利息をとるというのだから徹底している。

「ところでな、これがキミに教える最後の話だ」と王大人が言った。

「中国には〝金儲けの本〟というのはない。中国人は本好きだが、どこの本屋に行っても〝金儲けの本〟は並んでいない。中国人には必要がないからじゃ。ユダヤには『タルムード』というのがあるがの」

王大人は胸を張った。

『タルムード』というのは、言ってみればユダヤ人の商売のための聖典である。ユダヤの長年の経験を集めた、ユダヤ人にとっては一種の処世訓のようなもので、ユダヤ人はそれに基づいて商売をやる。

短い一つの設問に対して、八つの見方を述べてある。一つのことにも、見方を変えればさまざまな対策が出てくる――ということを、子どもの頃から叩き込むためのテキストだ。ただし非常に簡潔に書かれているので、その行間に想像力を働かせなければならない。

しかし、華僑にとってはこの『タルムード』も〝金儲けの本〟と映るらしい。(これが華僑の矜持《きょうじ》というものだな)と海堂は確信した。(そうか、**金儲けとは、あくまでも身をもって体得するほかないのだ!**)――と。

第5ステップの教えの実践

香港から戻った海堂は、華僑の大富豪、王大人から学んだことを思い返していた。お金に関する知恵・哲学に圧倒された思いだった。とにかくお金の使い方に迷いがなく、的を得ている。

また、その金銭哲学の前提には、**「人間を見抜く深い洞察力」**があることがよくわかった。それでいながら、どんなに成功間違いなしという確率の高い話であっても一〇〇%信用しないという、徹底した**リスク管理**もしている。

「さすがユダヤ人と並ぶ、世界的大富豪の民族だよな。とにかくスケールが違う。しかも歴史に根ざしたその教えが、いちいち説得力があるんだよな……」

なかでも海堂の中に一番強烈な印象として残ったのが、**子孫に対する考え方**である。海堂は、自分の家族を含めた、未来を生きる人間に対して思いを馳《は》せた。

華僑の人々は、子供をたくさん産む。〝種の保存〟という、動物本来の生き方を実践しているのだ。しかし、今の日本人のように、子供たちをヤワには育てない。甘やかさない。その子育ては、わが子を谷に突き落とすライオンにも似て厳しい。

そして小さいときから人生を勉強させられる。兄弟でも、つねに競争がある。とくに教育にはお金をかける。お金がない人には「幇《ぱん》」が資金を用立てる。「幇《ぱん》」とは、華僑の人々がその出身地別に作っている〝ギルド〟である。この〝助け合い〟、相互扶助の精神こそ、今の日本人が忘れてしまったものではないか！

しかも、その教育は単に金儲け術だけではない。彼らはつねに故国を思い、出身地のことを考えている。お金が儲かれば、郷里の地に学校をつくり、橋をつくる。そして中国人であることのアイデンティティーは強固だ。これまた今の日本人が忘れつつあるものだ。

「今の自分のビジネスが、これから先の時代を生きる人たちをも幸せにできるものにしたい……」

海堂の中に、新たな目が開かれるような思いがした。

第6ステップ「挑戦」

講師 天海僧上《てんかいそうじょう》

鈍才《どんさい》さん

〈第6ステップの主な内容〉

成功するためのすべてのステップをマスターしてきた海堂には、〃治《ち》にいて乱《らん》を忘れぬ〃リーダーの風格が身についてきた。

彼の胸中にあるのは、「今」を生きることの大切さである。そしてさらなる大きな成功と『志』実現のために立ち上がる。政界進出を含め、未来を生きる人間のための「未常識への挑戦」を試みることになる。

その中核は、今の日本人にまんえんする〃心の空虚《くうきょ》〃を埋める、未来型ビジネス。

坂本竜馬の心意気と、吉田松陰の狂気を背に負いながら、海堂は往《ゆ》く。その見果てぬ夢とは――。

未常識への挑戦――竜馬の心意気

「百匹目の猿」という言葉がある。宮崎県幸島《こうじま》のメス猿が突然、サツマイモを洗って食べ始め、これが群れに伝播《でんぱ》。そして幸島の大多数の猿に広まった頃に、空間を超え、日本の数ヵ所で同種の行動をとる猿の存在が確認されたことに由来する言葉だという。

つまり、ある変化が一定レベルの臨界点に達したとき、種や社会が空間を超えて突然、かつ一斉に変化することを意味する――とある。

そして今時代が変わろうとしている、新しい時代の幕開きの日が来ている、と海堂は思う。つまり「百匹目の猿」現象である。そしてこの新しい時代に生きるためには何が大切か。それにはまず自分を変えなくてはならない。自己革新しなければならない、と海堂はつくづく思うのだった。

自分の中にある既成概念を壊さなければならない。壁を破り、一線を越えることによってのみ成功はもたらされる。この「壁を突破した」という自信が、さらなる大きな成功へのカギになる——と。

「そのためには、まず**〝未常識〟に挑戦する**ことだな」と「鈍才さん」は言った。久し振りの登場だ。

「鈍才さん」によると、「未常識」とは、今は「そんな馬鹿な!」と思われることも、五年後、一〇年後にはやがて常識になることを言う。今は馬鹿らしいからこそ先に楽しみがある。チャレンジの仕甲斐があるというものだ……と「鈍才さん」はおっしゃる。株の世界に、「人の往《ゆ》かぬ裏に道あり花の山」という格言があるが、ココロは同じだろう。

フランスの哲学者ヴォルテールも言っている。「常識はさほど常識ではありません」と。人はとかく慣例とか常識といったものに囚《とら》われ、その判断や行動を一定の枠にはめてしまう。

「ある学者の実験でな、こういうことがあったそうだ」

「鈍才さん」が引き合いに出したのは、ナマズとノミの話だった。

ナマズの水槽にガラス板を入れ、ナマズと餌になる生きた小魚を隔離したところ、空腹のナマズはガラス板に激しく突進し続けた。しかし、ある日その動作をやめた、ガラス板を除いても、ナマズは小魚を見ているだけで食べようとしなかった。小魚を食べられないという経験が、ナマズに枠をはめてしまったのである。

一方のノミも、フタをしたガラス瓶に閉じこめると逃げようとしてフタまで飛び上がる。それに慣れてしまうと、フタを除いてもノミはフタの高さまでしか飛び上がらない。自ら〝限界〟を設けてしまったのだという。

「人間も同じことさ。**自分の限界を決めてしまうと、それ以上の能力を発揮しようとしなくなる。慣れの害だ。**〝固定観念〟に囚《とら》われて、思う存分夢と才能を花咲かせることができなくなってしまう」

そして「鈍才さん」はもう一つの例を出した。リコー・三愛グループの総帥であり、〝アイデア社長〟としても知られた故・市村清の話である。

彼がまだ新人社員の頃、社長を含む会社ぐるみでピクニックに行くことになった。社長邸で持参する食べ物や飲み物を用意していたときのことである。市村はポットに詰めるお湯をわかすのに、まずポット一杯に水を入れた。

「おい市村君。それは水じゃないのかね？」と社長。

「ハイ。ヤカンに目分量でお湯をわかせば、ポット一杯分に足りなかったり余分にわかすことになります。ムダな経費を使うことになります。だからまずポット一杯分の水の量を量《はか》ったのです」

この一件がきっかけになって、市村はその後出世の階段を昇っていく。

「海堂クン。キミは世界の冒険家の生命知らずの行動が遺伝子の違いによって左右されていることを知っているかね？」と「鈍才さん」は言う。

「いえ、知りませんでした」

「これは科学者の研究によって実証されておる」

その遺伝子（新奇探索性遺伝子《しんきたんさくせいいでんし》）は、ヒトの持つ二三対の染色体のうち、大きいほうから一一番目の染色体にあるという。その遺伝子のＤＮＡ（遺伝情報の塩基配列《えんきはいれつ》）を調べてみると、なかに四八個の同じ配列が繰り返されている部分がある。

その繰り返しの回数（二回から八回）が多い人ほど挑戦的で冒険好きだ――というのである。

この遺伝子は、神経細胞の表面でドーパミンと呼ばれる脳内ホルモン（神経伝達物質）を受け取るレセプター（特殊タンパク質）をつくる。ドーパミンは〝快楽ホルモン〟（満足ホルモン）とも呼ばれている。繰り返しが多い人間ほど、神経の興奮が抑え切れなくなる――というのがその原理なのだという。

「人生、お一人様一回限り。キミも冒険家のように難関にチャレンジすることだ」

「先生、実は僕の最終目標は政治なんですよ」

「政治？　政治家になりたいのか？」

「いえ、僕自身が政治家になるんじゃなくて、政治家をつくりたいんです。とりあえず二〇人。これは国会で法案を提出できる最低の人数だからです。ま、二〇人いればとりあえず政党として認知もしてもらえますしね。今、選挙ではだいたい一〇万票で一人当選できると言います。ですから二〇〇万票とれれば夢は実現します」

「なるほど、でっかい夢だな」

「**フリーダムとリバティーの違い。自由の女神は、あれ、リバティーですよね。**なぜかって言うと、**フリーダムっていうのは規制がない自由。でも本当の自由は規制があ**

る自由だと思うんですよ。自由の中に義務がある。義務を取っ払ったら無茶苦茶になると思うんですね。その中の自由をどう求めていくか。今の日本っていうのは、自由ばっかり求めて義務を果たさない人が多いんですよね」

「私もそう思う。そのとおりだよ」

「たとえば国際化問題もそうでしょ。日本で言う国際化っていうのは、英語をしゃべれることですよ。でも本当の国際化っていうのは、**自分の国に誇りを持ってはじめて国際化**なんですよ。自分の国に誇りがない人が、何が国際化なんだと。ほんとにおかしいですね」

海堂の言葉に熱が入った。

「僕は少しでも日本をよくしたい。そのぐらい、僕は今の日本の方向性がよくないと思うんです。『歴史作家』先生に教えていただいた『サンクチュアリ』という漫画もそうなんです。日本をよくしようっていう。だから僕は、この本を何回も何十回も読むんですよ」

すると「鈍才さん」はこう問いかけた。

「政治家には、なりふり構わずポストを求めて戦い、地位を確保して伸びていくタイプと、時がくれば自然と周囲が押し挙げてくれ、ポストを得ていくタイプの政治家がいる。キミはどっちのタイプを志向するのかな?」

「後者のタイプはそれはすばらしい。でも『サンクチュアリ』もそうなんですが、時間がない。待っていては三〇年かかる。この三〇年を数年で達成するためには、断固戦うことも必要だと考えています」

「模範《もはん》解答だな」

「繰り返しになりますが、やはり今の日本はいい方向に向いていない。どんどん悪い方向に行っている。その中で日本人という誇り、それはやっぱり取り戻さないと。そしてそのためにはなんと言っても政治を変えなくてはなりません。今の日本の政治はですね、大きく土木票と宗教票に左右されていると思います。土木票に代わる組織票、アメリカでは未来型ビジネス票がこれに取って代わっています。そういう世界にしたい!」

海堂の熱意を押さえるように、「鈍才さん」は静かに言った。

「政治家が指導力を発揮していくには、一人のリーダーとそれを囲む二〇〜三〇人の仲間が必要だ。一人では政治はできない。マックス・ウェーバーも言っておる。『誰が何と言おうとリーダーの言うとおりについていくという、志を同じにした人たちがいてはじめて強力なリーダーシップが成立し、デモクラシーが作動する』と。キミの狙い目はとてもいいと思うよ」

「鈍才さん」にホメられて、海堂はちょっぴり誇らしかった。

「それではこのへんで天海僧上と交代しよう」

——と、例によって天海僧上が現れた。

「ぜひ坂本竜馬クンの志を見習って欲しいものじゃ」と僧上は言う。

「僧上は、竜馬のどんなところを見習えと?」

「そうじゃな。まず**〝旺盛《おうせい》な好奇心〟**だろう。長崎では舶来《はくらい》の香水を買ったり、写真館で写真を撮っている。第二に世の中の移り変わりというか、**〝新しい息吹きの発生に敏感〟**だったことじゃ」

竜馬は武士業より貿易業に興味を持っていた。「これからは海外貿易の時代だ！」と。そして〝株式会社〟「亀山社中《かめやましゃちゅう》」を立ち上げた。のちの「海援隊《かいえんたい》」である。株主は薩・長や福井藩。船は現物出資とした。

「竜馬クンは〝海軍と貿易と出版をやる〟と言っておった。その着想《ちゃくそう》の新しさと先見性は、幕末の当時では驚嘆に値《あたい》する。そして第三には、**〝複眼の発想〟というか、〝視野の広さ〟**だ。彼にとっては明治維新という〝革命〟もまた、彼の理想実現のための一つの道程《どうてい》でしかなかったのじゃ」

竜馬の目は世界に向かっていた。「日本の中で革命を起こしたって小せぇ、小せぇ。船を一万隻持って七つの海に浮かべれば、日本の領土もちったぁ広がるというものよ」――と。僧上は話を続けた。

「彼にとって革命とは、『日本全部を一つの藩にしないと、世界を相手の貿易がやり難くってしょうがない』と。倒幕もそのための一手段にしかすぎなかったのじゃ。革命達成そのものが目的だった長州藩の連中とはちょっと違う」

そして天海僧上が最後に示した〝竜馬の志〟とは、彼のトコトンあきらめない意志力のことだった。たとえば薩長連合会談が不調に終わって桂小五郎《かつらこごろう》が「もう死ぬしかない」としょげたとき、「策を出せ、策を」と怒鳴ったのがこの竜馬であった。

時代が大きく違うとはいえ、海堂にとっては大いに勇気付けられる話ではないか！

「今」を生きることの大切さ

「今」を生きているかどうか。この「今」には、二つの考え方がある。**一つは「好機（チャンス）は今しかない」というタイミングのつかみ方、つまり〝潮時《しおどき》〟をはかる判断力であろう。そしてもう一つは、過去にこだわらずに「今」に専念することだろう。**

天海僧上は言う。

「また黒田如水《じょすい》殿を引き合いに出して申し訳ないが、如水殿の〝座右の銘〟は『片草《ぞう》履《り》、片下駄の時を誤《あやま》るな』であった。つまり〝イザ鎌倉！〟というときは、たとえ片方の足に草履、もう一方の足に下駄をはいてでも一番乗りで現場に駆けつけなければならない、という戒めじゃ」

――つまり〝潮時のはかり方〟、タイミングの取り方を間違えると、あたらお金儲けのチャンスをむざむざ逃してしまう、という教訓になる。

そう言えば秀吉の天下取りも、本能寺の変の後、例の〝大返し〟でいち早く京にとって返したことによって実現した。そしてその前の、毛利方との和睦《わぼく》のタイミングが絶妙だったからだ。まさに〝潮時〟のはかり方である。

「すなわち人間、しなければならないと思ったときは、即実行して早すぎるということはない。**思い立ったら即実行。実行しないで悔やむくらいなら、実行してもし失敗したとしても救われる。次がある**」

私たちはよく「明日《あした》がんばります」というフレーズを口にする。でも「明日」という日はカレンダーの上にあるだけで、その「明日」になってみるとそれは「今日《きょう》」。よくも悪くも変えることができるのは「今日」しかない――というのである。

御説、いちいちごもっともである。しかしここまで〝説教〟が続くと、海堂もつい反論したくなる。

「でも僧上、僧上も結構いい玉じゃありませんか？　秀吉が憎いという気持ちはわかりますが、石田三成のシャレコウベを金杯にして酒を飲んだり、方広寺《ほうこうじ》の鐘銘《しょうめい》に難くせをつけて豊臣家を潰したり……。過去にこだわらずきれいさっぱり忘れて『今』に生きる……。いい口実ですねぇ」

「キミは私に『良心が痛まないか』と問いかけておるようじゃ。私だって良心は痛む。でもあれは私の仕業ではない。金地院崇伝《こんちいんすうでん》や林羅山殿《はやしらざんどの》、そして本多正純《ほんだまさずみ》あたりが仕組んだことでな。しかしキミの言うとおり、私も結構要領のいい人間かもしれん」

しかし、「自らの生命を絶つことはできなかった」と僧上は言った。死ねない以上、自分の能力を買ってくれた家康に対して、精一杯尽くすしかない――というのだ。

「わが師・釈迦もこうおっしゃっておられる。**『昨日はもう過ぎてしまったのだから、それに囚《とら》われて思い悩むのは無益なことだ。明日はまだ来ていないのだから、それにこだわるのも益のないことだ。人はただ今をいかに生きるべきかだけを真剣に考えるべきだ』**となる。

禅に言う『即今《そっこん》』という言葉も同じだと思う。起こってしまった災難（過去）も、来るべき死（未来）も、しょせんは天命。となれば、『今』を精一杯生きるしかなかったのじゃよ」

その言葉で、海堂は十分に理解できた。

「過去にこだわらない」心は、愛する者への思いにもつながる。『十二番目の天使』には、こういう話が載せられている。ベンジャミン・フランクリンが、親しい友人の葬儀の席で悲しみに沈む人たちに向かい、こう語った――というのである。

「私たちの誰もが、霊なのです。先立った友人同様、私たちの誰もが、永遠に続く喜びのパーティーに招待されています。でも、私たちが一緒にそこに向かうことはできないのです。私たちは皆、自分の順番を待たなくてはなりません。

彼の椅子のほうが、私たちの椅子よりも少し早く用意されていたために、彼は一足先にそこに向かいました。それだけのことなのです。ですから、あなた方や私が、ひどく悲しむ必要はないのです。いずれ私たちも彼の後を追うのですし、どこに行けば彼と会えるのかも分かっているのですから」

海堂もまた、いずれ天海僧上や「鈍才さん」と、あの世で出会うことになるだろう。

〝心の空虚《くうきょ》〟を埋める未来型ビジネス

日本の若者の約三分の二が、もっとも深刻な社会問題として就職難、失業を挙げていることが内閣府の調査で判明した。「世界青年意識調査」という。日本と世界の主要国で、一八歳から二四歳までの男女を対象にしている。昭和四七年からほぼ五年ごとに実施されてきた。

それによると、日本の一位は「就職難と失業の多さ」で六四・六%を占めた。平成一〇年の前回調査では四〇・三%だったから、この五年間で二四・三ポイントも急上昇。しかも前回五位からの躍進ぶりだ。

若い人たちに「今の社会をどう思うか?」と尋ねると、「なんとも言えない息苦しさしかない」と答えるという。「真綿《まわた》のようなものでジワジワと締め上げられるような閉塞感《へいそくかん》」だという。なんとも気の効いたセリフではないか。

満ち足りた衣・食・住、バラエティに富んだ娯楽の数々……。モノと金と安定を手に入れたのに、その代償に得たものは幸福ではなく〝心の空虚〟であったとは……。

今、不況が長引いている。確かにリストラ（失業）があり就職難がある。その人生設計に新しい展望が描けないでいる人は多いだろう。また情報過多のこの時代、何かに挑戦しようとしてもたちまち周囲からその困難さを挙げつらう声が殺到するだろう。馬鹿な試みだとか、無謀な挑戦だと……。

これではせっかくのやる気もしぼんでしまうかもしれない。しかし、やはり「試みのないところに成功はない」こともまた厳然《げんぜん》たる事実なのだ。海堂は、『夢叶塾《むきょうじゅく》』の一連の〝成功問答〟の中でそのことを実感していた。

進化論で知られるダーウィンも言っている。**「もっとも強い者が生き残るのではなく、もっとも賢い者が生き残るのでもない。唯一生き残るのは変化できる者である」**――と。

「鈍才さん」は言った。「ビジネスに必要なのは『三つのＩ』だという。**模倣《もほう》（イミテーション）に始まり、そこから改良《かいりょう》（インプルーブメント）し、さらに改革《かいかく》（イノベーション）できたものだけが生き残っていける」**――と。

この「イノベーション」（改革）には、個人の意識改革も含まれている。時代や社会の変化に対応して、過去に囚《とら》われず、既成概念を打ち破り、目の前にあるものをしっかり見つめれば、意外と簡単にこの閉塞感から脱出することができるかもしれない……。海堂はそう思うのだ。

そして何より、「信じて実行するだけの熱い自分を持ちたい！」――と。

（これからは〝一人ビジネス〟の時代だ）と、海堂は真剣に感じている。これまでの日本は、高度経済成長の中で企業や組織を中心に動いてきた。でもそのシステムが今、制度疲労を起こしている。

しかし、これからは本当の意味で個人の幸せを追求していく時代が始まろうとしている。つまり〝一人ビジネス〟、未来型ビジネスの時代が始まるのだ。

学歴、資産、能力、性別、人脈――何もない人間でも力をつけていける未来型ビジネス。それはまず**「年齢に制限がない仕事」**でなければならない。一〇代から八〇代まで、誰でも現役でがん張れるビジネス。第二に**「年功序列（順番）がない仕事」**でありたい。

さらには、**「定年退職がない仕事」**、**「収入には中間搾取《さくしゅ》がなく、働いた分だけ自分の実入りになる仕事」**であることも必要だ。

また、**「自分個人のリスクの範囲内でできる仕事」**であれば万々歳である。つまり**「一個人が一事業主になれる」**世界である。

かつて、ビジネスマン社会にこんな言葉があった。「貧乏、辛抱、女房」の三つの「ボウ」が必要だ――と。これからは、女房は別として貧乏、辛抱にはもはや縁のない生活をしたい――そのためにあるのが『未来型ビジネス』である。

第6ステップの教えの実践

海堂は、失業していたころを思い出していた。今となっては自殺をしようなどと考えていた自分が違う人間のように感じられる。

今の海堂の中には、ワクワクした気持ちが満ち満ちている。それは自分の〝使命〟に気付いたからかもしれない。その使命とは、「これからの時代を生きていくための〝一人ビジネス〟の提案」である。

いわば〝未来型ビジネス〟と言ってよい。

そのメリットは何か？　それはこうなる。

①誰でも参加できる（学歴、資産、能力、性別、人脈不要であとから力をつけていける）

②年齢に制限がない（一〇代から八〇代までがん張れる）

③一個人が一事業主になれる（一般企業のような年功序列（順番）がないフラッ

ト・タイプ）

④働いた分だけ自分の実入りになる（企業による中間搾取がない）

⑤自分個人のリスクの範囲内でできる（すべて自己責任の世界）

⑥定年退職がない（健康ならどこまでも）

――（それにしても……）と海堂は思う。**「今こそ必要なのは個人の意識改革だ」**――と。過去に囚《とら》われず、既成概念を打ち破っていければ、現実社会のこの〝閉塞感〟も意外と簡単に脱出できるのではないか！

実は、海堂の最終目標は「政治家づくり」である。本当に〝日本をよくしたい〟という志を共にする仲間づくりである。そしてそのための資金づくりが、このステップでいう「未来型ビジネス」の実践なのだ。そう、『サンクチュアリ』の世界である。「一歩一歩、できるところから実行していこう！　吉田松陰の『志』と、坂本竜馬の実行力に思いを馳《は》せながら」……。

（オレはこれから、さらなる挑戦をするぞ！）

海堂は感動で身ぶるいする思いであった。

〈参考文献〉
『日本史探訪』①〜⑩（角川書店）
『老雄・名将直伝の指導力』（早乙女貢／青春出版社）
『日本武将列伝』（桑田忠親／秋田書店）
『城と街道』（南条範夫／中央公論社）
『史伝黒田如水』（安藤英男／日貿出版社）
『日本史おもしろ読本』（桑田忠親／廣済堂）
『乱世の選択』（多岐一雄／池田書店）
『バブルの日本史』（浅井隆＋楠戸義昭／徳間書店）
『歴史に学ぶ強くてしぶとい生き方』（童門冬二／総合法令）
『戦国武将・人間関係学』（大和勇三／ＰＨＰ）
『サムライの知恵・現代の知性』（芳賀登／山手書房）
『真田幸村の謀略』（笠原和夫／経済界）
『思いを伝え心をつかむ技術』（ハイブロー武蔵／総合法令）
『自分を変えてくれる本にめぐり合う技術』（ハイブロー武蔵／総合法令）
『いのちの詩人相田みつをに学ぶ』（松本幸夫／総合法令）
『営業の鉄人講座』（井川潤二／総合法令）
『超右脳革命』（七田眞／総合法令）
『イヤな仕事はムリしてやるな！』（新井喜美夫／文香社）
『人の心を制する名文句』（市原鶏也／日本文芸社）
『リセット人生・再起動マニュアル』（黒木安馬／ワニブックス）
『出過ぎる杭は打ちにくい！』（黒木安馬／ワニブックス）
『「大往生」するための健康読本』（織田啓成／第二海援隊）
『華僑の商法』（高木桂蔵／総合法令）
『華僑商法100カ条』（白神義夫／三樹書房）
『奇跡の華僑金儲け術』（高橋聡一郎／学研）
『心を高める、経営を伸ばす』（稲盛和夫／ＰＨＰ）
『サンクチュアリ』（史村翔・池上遼一／小学館）
『超資本主義百匹目の猿』（船井幸雄／アスコム）
『十二番目の天使』（オグ・マンディーノ／求龍堂）
『チーズはどこへ消えた？』（スペンサー・ジョンソン／扶桑社）

【著者】
平井俊広（ひらい　としひろ）
1964年、大阪生まれ。龍谷大学法学部法律学科卒業。
総合商社（東証一部上場）を経て、28歳で独立。
様々な事業を手がけ、そのすべてに驚異的な実績を残す。
現在、数社の経営に携わりながら、新しいビジネスの創造を目指して活躍中。
1999年度・社団法人日本中小企業技術振興協会理事。
E-mail hirai@jinzaibank.co.jp

【監修者】
船井総研 人財育成プロジェクト
株式会社船井総合研究所（国内最大手の独立系コンサルティングファーム）の有志によって結成されたプロジェクト。いまビジネス界をリードしている、若手経営者の〝思想・哲学〟の研究を目的としている。
また、同社の創業者であり現名誉会長の船井幸雄氏が、30余年に及ぶコンサルタント経験からルール化した〝船井流成功哲学〟を実践し、高い成果を上げているビジネスリーダーの発掘も積極的に行っていく予定。
連絡先：株式会社船井総合研究所　ライン統括室　柳楽《なぎら》仁史
E-mail Hitoshi Nagira@funaisoken.co.jp　　TEL06-6377-4176
株式会社船井総合研究所ホームページ http://www.funaisoken.co.jp
関連サイト「e 271」http://www.e271.co.jp

夢《む》叶《きよう》塾《じゆく》　夢を叶《かな》える教え

2004年４月８日　初版発行
2012年５月30日　３刷発行

著　者　平井俊広
監修者　船井総研人財育成プロジェクト
発行者　野村直克
発行所　総合法令出版株式会社
〒107-0052　東京都港区赤坂１-９-15　日本自転車会館２号館７階
電話　03(3584)9821（代）
振替　00140-0-69059

印刷・製本　中央精版印刷株式会社

 ISBN4-89346-841-3
Printed in Japan

落丁・乱丁はお取替え致します
総合法令出版ホームページ　http://www.horei.com